#swiftie FIEBER

TAUCHE EIN IN DIE WELT VON
TAYLOR SWIFT MIT DIYS, ACCESSOIRES
UND PARTYDEKO

#swiftie FIEBER

TAUCHE EIN IN DIE WELT VON TAYLOR SWIFT MIT DIYS, ACCESSOIRES UND PARTYDEKO

Unter topp-kreativ.de/digibib kannst du die Vorlagen und Strickschriften für dieses Buch herunterladen. Den Downloadcode findest du im Impressum.

Willkommen!

Ob du schon seit Jahren ein Swiftie oder erst kürzlich mit Taylor Swifts Musik in Berührung gekommen bist, hier bist du richtig! Taylor Swift selbst ist in ihrer musikalischen Karriere sehr kreativ mit Songtexten und Melodien. Sie ist ein Superstar und eine der größten Künstlerinnen in der heutigen Musikindustrie. Von den Anfängen ihrer Karriere als Country-Star über ihre Genre-Experimente bis hin zu der weltweiten Popsensation, zu der sie heute geworden ist, zeigt sie, wie einfallsreich sie in ihren Liedern, Musikvideos, als Regisseurin und mit ihren Outfits sein kann.

Swifties lieben ihre Kreativität und werden von ihr inspiriert, selbst kreativ zu werden. Mit diesem Buch kannst du deine eigene Taylor-Swift-Party schmeißen, dich bereit für die Eras-Tour machen und dein Wissen über Taylor testen.

... ARE YOU READY FOR IT?

Inhalt

Welches Album bist du?

Taylors Musik ist großartig, aber hast du dich schon immer gefragt, welches Album am besten zu dir passt? Beantworte die Fragen und finde es heraus! Sammle dazu die Symbole hinter deinen Antworten. Welches Symbol hast du am meisten auf deinem Zettel? Blättere nach dem Quiz um, dann erfährst du, welches Album du bist.

1. WAS IST DEINE LIEBLINGSFARBE?

- [ ] Gold 🌻🌻
- [ ] Rosa 🌸🌸
- [ ] Blau 🦋🏙️✨
- [ ] Rot ❤️❤️
- [ ] Grau 🌿🌿
- [ ] Braun 🍂🍂
- [ ] Schwarz 🖤🖤
- [ ] Lila 💎🏙️
- [ ] Grün 🍂

2. WELCHE MUSIKRICHTUNG HÖRST DU AM LIEBSTEN?

- [ ] Pop 🌷🌻🏙️🖤🌸✨
- [ ] Country 🌻💎🦋
- [ ] Alternative/Indie 🌿🍂✨
- [ ] Dance/Electronic ✨✨
- [ ] Hip-Hop oder Rap 🖤🖤

... All eyes on you ...

3. WO WÜRDEST DU GERNE LEBEN WOLLEN?

- [ ] In einer großen Stadt 🖤💎✨
- [ ] Abgelegen mitten in den Wäldern 🌿🌿
- [ ] In meiner kleinen Heimatstadt 🌻🦋🍂
- [ ] In einem Haus am Strand 🌸🌸
- [ ] In einer alten Villa 🏙️🏙️
- [ ] In einem eigenen Schloss ✨✨
- [ ] Ich fühle mich überall wohl ❤️❤️

4. WELCHE LIEDZEILE BESCHREIBT DICH AM BESTEN?

- [ ] The rest of the world was black and white but we were in screaming color 🏙️🏙️
- [ ] Long story short, I survived 🍂🍂
- [ ] I swear I don't love the drama, it loves me 🖤🖤
- [ ] I've never been a natural, all I do is try, try, try 🌿🌿
- [ ] I lose myself in a daydream 💎💎
- [ ] Yeah, we're happy, free, confused, and lonely at the same time ❤️❤️
- [ ] Wondering if I'd get there quicker if I was a man 🌸🌸
- [ ] Oh, I'm just a girl trying to find a place in this world 🦋🦋
- [ ] Meet me at midnight ... ✨✨

5. WIE WÜRDEST DU DEINEN KLEIDUNGSSTIL BEZEICHNEN?

- [ ] Leger, mit einem Faible für leichte Sommerkleider und auffällige Accessoires
- [ ] Elegant, inspiriert von einem klassischen und vornehmen Stil 🎀🏙️
- [ ] Gewagt, ein einzigartiger Look mit sorgfältig ausgewählten Elementen 🖤🌸
- [ ] Einfach, Herbstfarben kombiniert mit tollen Flechtfrisuren 🍂🍂
- [ ] Glamourös, möglichst modern und mit Wow-Effekt ✨✨

6. WAS IST DEINE LIEBLINGSJAHRESZEIT?

- [ ] Frühling 🦋🌻🎀
- [ ] Sommer 🦋🌻🏙️🖤🌸
- [ ] Herbst 💎🎀🖤🌿🍂✨
- [ ] Winter 💎🌿🍂

7. WAS DARF BEI DEINEM OUTFIT NICHT FEHLEN?

- [ ] Cowboystiefel 🦋🦋
- [ ] Paillettenkleid 🌻🌻
- [ ] Kuriertasche 💎💎
- [ ] Schwarzer Fedora-Hut 🎀🎀
- [ ] Crop-Top 🏙️🏙️
- [ ] Kapuzenpulli 🖤🖤
- [ ] Sonnenbrille 🌸🌸
- [ ] Cardigan 🌿🌿
- [ ] Schnürstiefel 🍂🍂
- [ ] Sternchen-Ohrringe & viel Glitzer! ✨✨

8. WIE LANGE BIST DU SCHON EIN SWIFTIE?

- [ ] Ich bin von Anfang an dabei 🦋🌻💎
- [ ] Schon länger 🖤🌸
- [ ] Taylor habe ich eben erst für mich entdeckt 🌿🍂✨
- [ ] Erst seit ihrer Mainstream-Zeit 🎀🏙️

9. WELCHEN DIESER SONGS MAGST DU AM LIEBSTEN?

- [ ] Look What You Made Me Do 🖤🖤
- [ ] Cardigan 🌿🌿
- [ ] Mine (Taylor's Version) 💎💎
- [ ] Willow 🍂🍂
- [ ] Tim McGraw 🦋🦋
- [ ] Me! 🌸🌸
- [ ] Anti-Hero ✨✨
- [ ] Love Story (Taylor's Version) 🌻🌻
- [ ] We Are Never Ever Getting Back Together 🎀🎀
- [ ] Wildest Dreams (Taylor's Version) 🏙️🏙️

Auflösung:
WELCHES ALBUM BIST DU?

Taylors Musik hat sich im Lauf der Zeit gewandelt. Manche Themen spricht sie aber in allen Alben an. So kann es auch sein, dass mehrere Alben zu dir passen.

TAYLOR SWIFT (DEBUT) 🦋

Du träumst dich gerne zurück in Zeiten, als **we were both young** und erlebst dann gerne dein eigenes Märchen, in dem die Prinzessin und der Prinz bis zum Ende ihrer Tage glücklich sind. Am liebsten hörst du Countrymusik bzw. Liebeslieder, und das Wichtigste: Du bist authentisch, denn du verstellst dich nicht. Du bist einfach du.

SPEAK NOW (TAYLOR'S VERSION) 💎

Du bist nicht nur eine ehrliche Persönlichkeit, sondern liebst auch deine Unabhängigkeit. In Taylors selbstgeschriebenen Songs findest du dich wieder und du liebst es, deine persönlichen Erfahrungen so mit anderen zu teilen. Dabei bist du sehr reflektierend. Deine Stärke ist deine Entschlossenheit. Du kannst alles schaffen, wenn du nur möchtest, also **Speak Now!**

1989 (TAYLOR'S VERSION) 🏙️

Hallo, Überflieger:in! Du gehst selbstbewusst durchs Leben, hast viel Energie und bevorzugst einen modernen Lebensstil. Dein Engagement zeichnet dich aus und lässt dich herausstechen. Du fühlst dich in der Popmusik wohl, insbesondere der Synthiepop hat es dir angetan. Bei allem Negativen lebst du getreu dem Motto: **Shake it off!**

FEARLESS (TAYLOR'S VERSION) 🌻

In dir steckt ein emotionaler Mensch mit einer gehörigen Portion Selbstbewusstsein. Auf der Suche nach dir selbst suchst du auch nach deiner romantischen **Love Story.** Der richtige Musikmix aus Country und Pop ist Balsam für deine Seele. Was dich auszeichnet ist deine Furchtlosigkeit gegenüber dem Leben. Du bist **Fearless!**

RED (TAYLOR'S VERSION) 🎀

Gerade bist du noch dabei, dich auszuprobieren. Deine Lovestory ist geprägt von den verschiedensten Schattierungen passend zu **I knew you were trouble.** Du bist intensiv, leidenschaftlich und so unglaublich vielseitig. Das spiegelt sich auch in deinem Musikgeschmack wider, der eine bunte Palette zeigt. Von leise emotional bis laut und wild ist alles dabei. Yeah, du rockst dein Leben!

REPUTATION 🖤

Du scheust keine Herausforderung, trittst Konfrontationen willensstark und entschlossen entgegen. Geprägt wird deine Persönlichkeit durch Rebellion und Drama. Du weißt, was du willst. Du hast gerne Popmusik auf den Ohren, die elektronische Einflüsse hat. Einfach gesagt, du bist **Ready for it!**

LOVER 🌸

Bei dir ist das Glas immer halb voll statt halb leer und du bist gerne unter Gleichgesinnten. Mit deiner positiven Einstellung steckst du andere gerne an. Du liebst hoffnungslos romantische Gesten wie **Paper Rings.** In der Musik suchst du die Vielfalt in der Popmusik.

FOLKLORE 🌿

Du bist gerne für dich, genießt die Ruhe und auch ein bisschen Abgeschiedenheit – am liebsten mit einer heißen Schokolade, einem guten Buch eingekuschelt in einen **Cardigan.** Dabei wirst du manchmal melancholisch. Dazu lauschst du Akustikversionen und Indie-Musik.

EVERMORE 🍂

Deine Freund:innen fragen dich vor allem bei **Champagne Problems** um Rat. Bei dir fühlen sich immer alle willkommen, obwohl du dich auch mal in Tagträumen verlierst. Du hast deine Mitte gefunden, bist experimentierfreudig und manchmal chaotisch, aber wie heißt es so schön: Nur das Genie beherrscht das Chaos.

MIDNIGHTS ✨

Du weißt genau, was du willst. Im Leben stehst du mit beiden Beinen. Dabei kommst du gut allein zurecht. Für deine Bodenständigkeit bewundern dich deine Freund:innen, für die du immer ein offenes Ohr hast und zu denen du herzhaft ehrlich bist. Jetzt musst du nur noch mit deinem eigenen **Anti-Hero** klarkommen. Du kannst das!

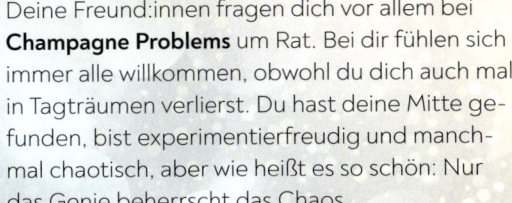

Taylor Swift

2006 veröffentlichte die junge Taylor Swift mit 16 Jahren ihr erstes Album, *Taylor Swift,* das sie nach sich selbst benannt hat. Damals war sie noch der Countrymusik verschrieben, zog dafür im Alter von 14 Jahren extra von Pennsylvania nach Nashville, Tennesse.

ZUTATEN FÜR 1 GLAS

- ► 2 EL Waldmeistersirup
- ► 150 ml Mineralwasser
- ► Brausepulver oder farbiger Zucker
- ► Eiswürfel
- ► ca. 100 ml Apfelsaft

ZUBEREITUNG

1 Für den Mocktail den Waldmeistersirup mit dem Mineralwasser und dem Apfelsaft in einem separaten Behälter mischen.

2 Für den Brausepulverrand einen kleinen Teller mit etwas Wasser befüllen, auf einen weiteren das Brausepulver verteilen. Die Gläser zunächst mit dem Glasrand auf den Teller mit Wasser stellen und anschließend direkt in das Brausepulver drücken.

3 Eiswürfel in das Glas geben und mit dem Getränk auffüllen

BASTELANLEITUNG

Das brauchst du:
- ► Vorlage der Gitarre aus der DigiBib oder ein kleines Bild einer Gitarre
- ► Buntstifte
- ► Blaues oder weißes Papier
- ► Schere, Kleber
- ► Nylonfaden
- ► Heißkleber
- ► Schaschlikspieß

1 Zuerst druckst du dir die Vorlage aus und malst die einem schwarzen Buntstift an.

2 Die Tränen malst du auf ein weißes Blatt Papier und schneidest sie aus. Drei der Tränen kannst du auf die Gitarre kleben.

3 Die anderen Tränen werden an kurzen Nylonfäden-Stücken mit Heißkleber befestigt. Die Tränen an den Nylonfäden kannst du an beliebigen Stellen an der Gitarre mit Heißkleber befestigen. Zuletzt musst du nur noch die Gitarre an einem Schaschlikspieß befestigen und in dein Getränk stellen.

... he's the reason for
the teardrops on my guitar ...

... But she wears short skirts,
I wear T-shirts ...

FEARLESS

Schon zwei Jahre später veröffentlichte sie ihr zweites Album, *Fearless*. Immer noch im Country-Genre unterwegs, erreichte es auch diesmal die Spitze der Charts.

ZUTATEN FÜR 1 GLAS

- ► 25 ml Pfirsichnektar
- ► 25 ml Bananennektar
- ► 100 ml Orangensaft
- ► 1 EL Zitronensaft
- ► 100 ml Mineralwasser
- ► Eiswürfel
- ► Essbarer goldener Glitzer

ZUBEREITUNG

1 Mische alle Zutaten bis auf die Eiswürfel und den Glitzer in einem Becher und rühre es gut um.

2 Fülle Eiswürfel in ein Glas und streue den essbaren Glitzer darüber. Je mehr du nimmst, desto funkelnder wird dein Mocktail.

3 Gib die Mischung in das Glas über die Eiswürfel. Der Glitzer verteilt sich so sehr gut im Getränk und schimmert. Mit einem Löffel oder der Deko kannst du durch Umrühren deinen Mocktail immer wieder zum Glitzern bringen.

BASTELANLEITUNG

Das brauchst du:
- ► T-Shirt-Vorlage aus der DigiBib
- ► Schere
- ► Dickeres, weißes Papier
- ► Filzstifte in Schwarz, Blau, Rot und Gelb
- ► Fineliner in Schwarz, Rot, Gold, Grün, Lila, Hellblau, Dunkelblau, Braun, Hellgrau und Rosa
- ► Klebestift
- ► Glasstrohhalm

1 Übertrage die Umrisse des T-Shirts mit einem schwarzen Filzstift auf etwas dickeres, weißes Papier und schneidest es mit dem schwarzen Rand aus.

2 Male auf beide T-Shirt-Hälften abwechselnd blaue, rote und gelbe Dreiecke auf den Kragen, die Enden der Ärmel und das untere Ende des T-Shirts. Danach umrandest du sie mit dem dünnen schwarzen Fineliner.

3 Als Nächstes schreibst du mit dem schwarzen Filzstift „Junior Jewels" mittig und zweizeilig auf die Vorderseite. Um dem Schriftzug etwas Kontur zu verleihen, kannst du mit dem Fineliner Striche an den Buchstaben anbringen.

4 Drumherum kannst du nun die Namen der Alben oder deine Lieblingssongs schreiben.

5 Zum Schluss klebst du die beiden Seiten des T-Shirts zusammen und steckst es über einen Glasstrohhalm.

Sweet Nothing ...

Taylors Chai Cookies sind in der Swiftie-Community bekannt und sehr beliebt. Ganz einfach und sehr schnell zu machen, sind sie das ideale Mitbringsel für eine Taylor-Swift-Party oder ein super Geschenk für den Swiftie in deinem Leben.

ZUTATEN

- ▶ 110 g weiche (vegane) Butter
- ▶ 110 g Sonnenblumenöl
- ▶ 110 g Zucker
- ▶ 50 g Puderzucker
- ▶ 1 Chai-Teebeutel
- ▶ 2 TL Vanilleextrakt
- ▶ 1 großes Ei, alternativ 1 EL Leinsamen und 3 EL Wasser
- ▶ 250 g Mehl
- ▶ ¾ TL Backpulver
- ▶ ½ TL Salz
- ▶ Zimt-Zucker-Mischung zum Wälzen

FÜR DIE GLASUR

- ▶ 90 g Puderzucker, gesiebt
- ▶ 2 Prisen Muskatnuss
- ▶ 2 Prisen Zimt
- ▶ 3 EL (veganer) Eierlikör, alternativ (pflanzliche) Milch

Tipp

Wenn du nicht alle Cookies auf einmal essen kannst, halten sie sich ein paar Tage in einer luftdicht verschlossenen Dose.

ZUBEREITUNG

1 Gib die Butter in eine Rührschüssel und schlage sie für ein paar Minuten auf, sodass sie luftig wird. Rühre danach das Öl unter, gib dann den Zucker und Puderzucker sowie den Inhalt des Chai-Teebeutels hinzu.

2 Rühre den Vanilleextrakt und das Ei (oder die vegane Alternative) ein, bis eine glatte Masse entsteht. Mehl, Backpulver und Salz nun vorsichtig unterheben.

3 Den noch weichen Teig musst du für ca. 1 Stunde kaltstellen oder für ca. 15 Minuten im Gefrierschrank lassen. Dadurch wird der Teig einfacher zu verarbeiten.

4 Kurz bevor du den Teig weiterverarbeitest, heize den Backofen auf 175 Grad Umluft vor und lege ein Backblech mit Backpapier aus.

5 Nachdem du den Teig aus dem Kühl- oder Gefrierschrank geholt hast, musst du ca. 2 EL Teig pro Cookie portionieren. Mit den Fingern drückst du die einzelnen Teigkugeln auf ungefähr 5 mm Dicke platt. In einer Schale vermengst du Zimt und Zucker und kannst darin die Cookies wälzen.

6 Platziere die Cookies auf dem vorbereiteten Backblech und schiebe sie in den Ofen. Backe sie für 12–14 Minuten im vorgeheizten Ofen. Falls deine Cookies kleiner sind, verkürzt sich die Backzeit. Lasse die Cookies anschließend noch 10 Minuten auf dem Blech abkühlen, bevor du sie auf ein Kuchenrost legst.

7 Für die Glasur siebst du den Puderzucker in eine Schüssel. Danach gibst du Muskatnuss und Zimt hinzu und verrührst die trockenen Zutaten kurz. Als Letztes gibst du den (veganen) Eierlikör oder die (pflanzliche) Milch hinzu. Rühre alles gut um.

8 Verteile die Glasur mittig auf den abgekühlten Cookies. Wenn du magst, kannst du noch eine Prise Zimt auf die Glasur streuen.

Speak Now

Speak Now ist das erste Album, das sie allein geschrieben hat und bei dem sie als Co-Produzentin tätig war. Es ist nicht mehr ganz im Country-Genre angesiedelt, da es deutliche Einflüsse aus Pop und Rock zeigt.

ZUTATEN FÜR 1 GLAS

- ▶ 10 ml Blue-Curaçao-Sirup
- ▶ 30 ml Mineralwasser
- ▶ 20 ml Grenadinesirup
- ▶ 1 EL Zitronensaft
- ▶ 150 ml Zitronenlimonade
- ▶ Essbarer lilafarbener Glitzer
- ▶ Eiswürfel

ZUBEREITUNG

1 Alle Zutaten bis auf den Glitzer in ein Glas geben und mit einem Löffel gut durchrühren. Alternativ kannst du einen Cocktailshaker benutzen.

2 Damit der Cocktail auch glitzert, gibst du etwas essbaren lilafarbenen Glitzer mit in das Glas und rührst noch einmal um. Jetzt sollte es wirklich funkeln.

BASTELANLEITUNG

Das brauchst du:
- ▶ Blumen-Vorlage aus der DigiBib
- ▶ Dickeres, weißes Papier
- ▶ Schere
- ▶ Buntstifte in Rosa, Lila und Gelb-Orange
- ▶ Klebeband

1 Drucke die Vorlage auf etwas dickerem Papier für mehr Stabilität aus.

2 Schneide alle drei Teile aus. Beginne nun mit den großen Blüten. Als Erstes grundierst du sie in Rosa. Drücke dabei nicht zu fest auf, da diese Schicht später die Glanzlichter darstellt. Als Nächstes malst du mit dem lilafarbenen Buntstift zuerst die Ränder dunkel an und wirst zur Mitte heller.

3 Die kleine Blume malst du mit dem gleichen lilafarbenen Buntstift aus wie die großen Blüten. Achte aber darauf, dass du nicht stark aufdrückst, um einen helleren Lilaton zu erreichen.

4 Anschließend musst du noch den Blütenstempel in Gelb-Orange ausmalen.

5 Nimm nun ein Stück Tesa und lege es doppelt. Alternativ kannst du auch doppelseitiges Klebeband nehmen. Klebe eine Seite an die Blume und die Blume an das Glas.

... 'Cause I see sparks fly,
whenever you smile ...

... and I left my scarf there,
at your sister's house ...

RED

Besonders beliebt aus *Red* ist das Lied *All Too Well*. Als Taylor in einem Interview erwähnt, dass das Originallied 10 Minuten lang ist, wollen die Fans das gesamte Lied hören. Es erscheint schließlich 2021 auf *Red (Taylor's Version)*.

ZUTATEN FÜR 1 GLAS

► 100 ml Sauerkirschnektar
► Eiswürfel
► 2 Zweige Minze
► 100 ml Tonicwater
► 50 ml Apfelsaft
► 2 Spritzer Limettensaft

ZUBEREITUNG

1 Fülle den Kirschnektar in einen Shaker mit ein paar Eiswürfeln und der Minze. Shake das Ganze für einige Sekunden.

2 Seihe den Saft durch ein Sieb in das Glas ab. Fülle es mit Tonicwater, Apfelsaft und zwei Spritzern Limettensaft auf.

ANLEITUNG FÜR DEN SCHAL

Das brauchst du:
► Häkelnadel 2 mm
► Reste roten Garns
► Schere

SO GEHT'S

Zunächst häkelst du acht Luftmaschen. Die 8. Luftmasche wird deine Wendeluftmasche sein. In sie wird keine feste Masche gehäkelt.

1. Reihe: Du stichst zuerst, von der Häkelnadel aus gesehen, in die zweite Luftmasche und häkelst eine feste Masche. Das wiederholst du sechsmal, bis du am Ende der Luftmaschenkette angelangt bist. Als Nächstes häkelst du eine Luftmasche, die als Wendeluftmasche dient.

Alle weiteren Reihen häkelst du so wie die erste. Du häkelst nun so lange weiter, bis du den Schal einmal um dein Glas wickeln und verknoten kannst. Der Schal auf dem Bild hat 76 Reihen.

Für die Fransen des Schals schneidest du 28 gleich lange Fäden ab. Diese legst du zur Hälfte um und holst sie mit Hilfe der Häkelnadel durch die Randmaschen am kurzen Ende, sodass eine Schlaufe entsteht. Durch die Schlaufe ziehst du die beiden Enden fest, wodurch ein Knoten entsteht.

Als Letztes musst du nur noch den Schal am Glas befestigen.

Blank Space

Wie in ihrem Musikvideo zu *Blank Space* haben wir hier kleine Cupcakes gezaubert, die an die Torte aus dem Musikvideo erinnern. Vollständig werden sie mit kleinen Messern und etwas roter Lebensmittelfarbe.

ZUTATEN FÜR 12 STÜCK

- ► Muffinblech in Herzform
- ► Etwas Butter und Mehl für die Muffinform
- ► 355 ml ungesüßter Sojadrink (oder eine andere pflanzenbasierte Milch)
- ► 1 TL Apfelessig
- ► 300 g Mehl
- ► 45 g Speisestärke
- ► 300 g weißer Zucker
- ► 1 EL Backpulver
- ► ¾ TL Salz
- ► 115 g zerlassene Margarine oder neutrales Öl (z. B. Sonnenblumenöl)
- ► 1 EL Vanilleextrakt
- ► Rote Lebensmittelfarbe

FÜR DIE BUTTERCREME

- ► 225 g vegane Butter (auf Zimmertemperatur)
- ► 360 g Puderzucker
- ► 2–3 EL pflanzenbasierte Milch
- ► 1 TL Vanilleextrakt
- ► Rote Zuckerschrift

FÜR DIE „MESSER"

- ► Holzzahnstocher
- ► Schere
- ► Schwarzes Papier und Bleistift
- ► Kleber

ZUBEREITUNG

1 Heize den Ofen auf 175° Umluft vor. Streiche die Muffinform mit Butter ein, gib etwas Mehl hinein und klopfe die Form aus.

2 Mische den Sojadrink mit dem Apfelessig in einer kleinen Schüssel, rühre das Ganze kurz um und stelle es beiseite, damit es etwas gerinnen kann.

3 Rühre in einer großen Schüssel das Mehl, die Speisestärke, den Zucker, das Backpulver und das Salz zusammen, bis alles gut durchmischt ist.

4 Gib jetzt die Sojadrink-Essig-Mischung, die zerlassene Margarine bzw. das Öl und den Vanilleextrakt hinzu. Färbe das Ganze mit roter Lebensmittelfarbe ein. Verrühre nun alles so gut, dass keine großen Klumpen mehr vorhanden sind. Schlage den Teig nicht zu lange, da er ansonsten später im Ofen nicht mehr so gut aufgeht.

5 Fülle die Muffinförmchen zur Hälfte mit Teig und backe sie 18–20 Minuten oder so lange, bis an einem Probe-Holzstäbchen kein Teig mehr kleben bleibt. Platziere die Muffins nach der Backzeit vorsichtig auf einem Kuchengitter. Lasse die Muffins komplett in der Form abkühlen.

6 In der Zwischenzeit bereitest du die Buttercreme vor. Gib dazu die zimmerwarme vegane Butter in eine Rührschüssel und schlage sie für mindestens 10 Minuten auf. Sie sollte deutlich weißer und luftiger sein als zu Beginn. Füge nun nach und nach den Puderzucker hinzu und mixe dies auf kleiner Stufe, bis

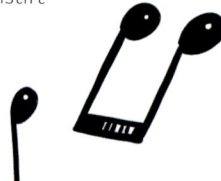

der ganze Puderzucker vermengt ist. Füge 2 EL Pflanzendrink und den Vanilleextrakt hinzu und mixe die Masse für 3–4 Minuten bei mittlerer Geschwindigkeit, bis alles gut vermischt ist.

7 Jetzt geht es ans Dekorieren: Streiche mit einem kleinen Palettenmesser die Cupcakes oben und an den Seiten mit der Creme ein. Falls die Cupcakes zu sehr aufgegangen sind, kannst du die Hauben mit einem scharfen Messer abschneiden. Fülle die restliche Buttercreme in einen Spritzbeutel mit Sterntülle und setze jeweils kleine Tupfer am Rand der Cupcakes entlang.

8 Bastle nun kleine „Messer": Dafür halbiert du einen Holzzahnstocher. Zeichne auf ein schwarzes Papier Griffe eines Messers (das können einfach zwei lange Rechtecke sein, die breiter als das Holzstäbchen sind), schneide sie aus und klebe sie von beiden Seiten an das Stäbchen. Etwa die Hälfte eines Stäbchens sollte allerdings immer frei bleiben, damit du sie ungefähr in die Mitte der Cupcakes stecken kannst.

9 Für das „Blut" nimmst du rote Zuckerschrift und lässt sie wie Blut auf die Cupcakes tropfen.

Tipp

Wenn die Buttercreme zu dick ist, kannst du mehr Pflanzendrink hinzugeben, aber nur esslöffelweise. Wenn sie zu dünn ist, kannst du mehr Puderzucker hinzufügen, bis die gewünschte Konsistenz erreicht ist.

1989

1989 wurde Taylor Swift geboren, weshalb diese Jahreszahl eine besondere Bedeutung für sie hat. Ihr mittlerweile fünftes Album ist nun eine musikalische Wendung weg von Country hin zu Pop.

ZUTATEN FÜR 1 GLAS

- ▶ 1 Zitrone
- ▶ Eiswürfel
- ▶ 50 ml Blue-Curaçao-Sirup
- ▶ 50 ml Mineralwasser
- ▶ 150 ml Tonicwater

ZUBEREITUNG

1 Presse die Zitrone aus und gib vom Zitronensaft einen Esslöffel in ein Longdrinkglas.

2 Gib Eiswürfel in das Glas und fülle es mit den restlichen Zutaten auf.

BASTELANLEITUNG

Das brauchst du:
- ▶ Vorlage für das Empire State Building
- ▶ Stifte in Grau und Braun
- ▶ Fineliner in Schwarz
- ▶ Schere
- ▶ Blaues Glitzermoosgummi
- ▶ Kleber
- ▶ Heißkleber

1 Drucke dir die Vorlage aus und koloriere sie in Grau- und Brauntönen. Füge mit einem schwarzen Fineliner Elemente wie die Fenster, die Eingangstür und die Spitze hinzu.

2 Schneide das Empire State Building aus und lasse dabei einen kleinen weißen Rand stehen.

3 Als Nächstes klebst du das Gebäude auf das blaue Glitzermoosgummi.

4 Mit Hilfe einer Heißklebepistole klebst du das Empire State Building am Glas fest.

... honey, I rose up from the
dead, I do it all the time ...

Reputation

Nach dem Erfolg ihrer ersten fünf Alben gerät Taylor Swift immer mehr unter medialen Beschuss, sodass sie beschließt, sich eine Auszeit zu nehmen. Drei Jahre später kehrt sie musikalisch mit *Reputation* wieder ins Rampenlicht zurück.

ZUTATEN FÜR 1 GLAS

- ▶ 40 ml Bananensaft
- ▶ 40 ml Orangennektar
- ▶ 40 ml Johannisbeersaft
- ▶ 20 ml Pfirsichsirup
- ▶ 20 ml Blue-Curaçao-Sirup
- ▶ 2 Spritzer Zitronensaft
- ▶ Eiswürfel

ZUBEREITUNG

1 Mische alle Zutaten bis auf die Eiswürfel in einem Behälter.

2 Fülle das Glas nun mit Eiswürfeln auf und gieße den Mocktail darüber.

BASTELANLEITUNG FÜR

KARYN DIE SCHLANGE

- ▶ Pfeifenreiniger in Rot und Schwarz
- ▶ Dicker und dünner schwarzer Fineliner
- ▶ Weißes Papier
- ▶ Buntstifte in Rot und Schwarz
- ▶ Durchsichtiges Klebeband
- ▶ Schere
- ▶ Heißkleber

SO GEHT'S

1 Als Erstes musst du die Pfeifenreiniger ineinander verdrehen, sodass sie sich am Ende gegenseitig umschlängeln.

2 Für den Schlangenkopf malst du zuerst die Umrisse des Kopfes mit einem dicken schwarzen Fineliner auf ein Stück weißes Papier. Danach malst du mit einem roten Buntstift das Innere des Kopfes komplett aus. Mit dem schwarzen Buntstift fährst du an den Rändern entlang und durch die Mitte des Kopfes. Mit dem dünnen Fineliner musst du schließlich nur noch die Augen aufzeichnen. Als Letztes schneidest du den Schlangenkopf aus.

3 Nimm etwas durchsichtiges Klebeband und klebe es auf beide Seiten des Kopfes, sodass auch noch etwas übersteht. Das überschüssige Klebeband kannst du abschneiden.

4 Biege am Ende der Pfeifenreinigerschlange ca. 1,5 cm um, sodass der Draht doppelt nebeneinander liegt. Darauf gibst du nun etwas Heißkleber und drückst den Schlangenkopf fest.

5 Abschließend musst du nur noch die Schlange um das Glas wickeln. Für einen besseren Halt kannst du den Schlangenkopf über den Rand des Glases knicken.

DAS BRAUCHST DU

- ▶ Spiegelkarton in Gold
- ▶ Glitzerkarton in Gold
- ▶ Schere
- ▶ Handstanze rund (3,5 cm, 5 cm und 6,3 cm), alternativ Kreisschneider oder Schere
- ▶ Klebestift
- ▶ Nähmaschine
- ▶ Nähfaden in Beige
- ▶ Schmierpapier

I can still make the whole place shimmer!

Taylor Swift liebt alles, was glitzert und glänzt! So singt sie auch in ihrem Lied *Bejeweled*, dass sie immer noch alles zum Schimmern bringt. Und mit dieser schönen Girlande kannst auch du dein Zimmer nun zum Schimmern bringen!

SO GEHT'S

1 Schneide oder stanze aus dem Spiegel- und Glitzerkarton viele Kreise. Je mehr Kreise du hast, desto länger kann die Girlande werden. Damit die Girlande auf allen Seiten funkelt, sollte der Karton von beiden Seiten beschichtet sein. Alternativ klebst du immer zwei Kreise mit dem gleichen Durchmesser so zusammen, dass die spiegelnde bzw. glitzernde Seite jeweils nach Außen zeigt. Dabei kannst du auch Spiegelkarton auf Glitzerkarton kleben. Damit die Nadel deiner Nähmaschine nicht verklebt, trage den Klebstoff nur sparsam am Rand der Kreise auf.

2 Solange der Klebstoff trocknet, kannst du mit Kartonresten schon mal eine Probe nähen. Denn viele Nähmaschinen können Papier nicht gut transportieren, was dazu führen kann, dass der Unterfaden reißt oder sich verknotet. Bei der Probe bekommst du schon ein Gefühl und kannst das eine oder andere an den Einstellungen der Maschine anpassen. Wähle eine möglichst große Nahtlänge.

3 Nun kannst du loslegen. Wenn du ein sehr symmetrisches Ergebnis haben willst, markiere zuvor auf allen Kreisen die Mitte für die Naht. Stanze oder schneide dafür aus Schmierpapier jeweils Kreise mit dem Durchmesser der Kartonkreise, falte diese in der Mitte zusammen und lege die Kreishälften so auf die Kartonkreise, dass die äußeren Ränder genau übereinander liegen. Fahre nun mit dem Daumennagel die mittlere Papierkante so nach, dass eine sichtbare Furche auf dem Spiegelkarton entsteht (auf Glitzerkarton funktioniert diese Methode nicht). Ansonsten kannst Du aber auch nach Augenmaß arbeiten.

4 Die Kreise legst du mittig vor das Nähfüßchen, sodass die Nadel entlang der Markierungslinie den Karton durchsticht.

5 Wenn du merkst, dass deine Maschine den Karton nicht gut transportiert, hilft es, den Karton mit Gefühl über die Stichplatte zu schieben.

6 Nach jedem Kreis kannst du 6 bis 7 Stiche ins Leere nähen, bevor du den nächsten Kreis unter das Füßchen schiebst.

7 Wechsle die Größen der Kreise so ab, dass die Girlande lebendig wirkt.

8 Nach dem letzten Kreis hörst du auf zu nähen und ziehst die Girlande noch ein gutes Stück unter dem Füßchen weg, damit genug Faden von den Spulen abrollt, um die Girlande später daran aufhängen zu können. Schneide die Fäden danach ab.

9 Du kannst die Girlande horizontal hängen oder auch vertikal mehrere nebeneinander wie einen Vorhang. Gestalte sie in der Farbe deines liebsten Albums oder kreiere mit allen zehn Albengirlanden einen schönen Vorhang!

(Die angegebenen Größen und Materialien sind lediglich Anhaltspunkte.)

Lover

Taylor Swift beschreibt *Lover* als einen Liebesbrief an die Liebe. Als starker Kontrast zu *Reputation* ist dieses Album voller fröhlicher Beats, Pastellfarben und Schmetterlinge. Das Hauptmotiv in ihrem siebten Album ist die Liebe in all ihren Facetten.

ZUTATEN FÜR 1 GLAS

- ► 100 ml Früchtetee
- ► 25 g gefrorene Brombeeren
- ► Eiswürfel
- ► 2 TL Himbeersirup
- ► 150 ml Kokosdrink

ZUBEREITUNG

1 Zuerst musst du den Teebeutel für den Früchtetee mit heißem Wasser übergießen. Dann lässt du den Tee gut abkühlen.

2 Als Nächstes gibst du die Brombeeren in ein Glas und füllst es mit dem abgekühlten Früchtetee, dem Himbeersirup und dem Kokosdrink auf. Dein Drink sollte nun einen schönen Rosaton haben.

BASTELANLEITUNG FÜR DEN PFEIL DES ARCHER

Das brauchst du:
- ► Pfeil-Vorlage
- ► Bleistift
- ► Moosgummi mit goldenem Glitzer
- ► Schere
- ► Schaschlikspieß
- ► Heißkleber
- ► Rosa Zuckerwatte

SO GEHT'S

1 Zuerst überträgst du die Vorlage aus der digibib mit einem Bleistift auf die nicht glitzernde Seite des Moosgummis. Danach schneidest du die Pfeilteile aus Moosgummi aus.

2 Als Nächstes kürzt du den Schaschlikspieß auf die richtige Länge. Er sollte, aufgelegt auf das Glas, über beide Seiten des Glases hinausragen.

3 Wenn er die richtige Länge hat, klebst du mit Heißkleber an einem Ende die Dreiecke und am anderen das Pfeilende auf.

4 Als Letztes musst du nur noch Zuckerwatte und Pfeil auf deinem Glas schön anrichten.

... I've been the archer, I've been the prey ...

*... Isn't it just so pretty to think,
all along there was some invisible string
tying you to me? ...*

Folklore

2020 trifft die Covid-19-Pandemie auch Taylor Swifts Leben. Das Lover Fest, die große Welttour, die geplant war, musste abgesagt werden. Aus einem Drang nach Eskapismus ist *Folklore* entstanden.

ZUTATEN FÜR 1 GLAS

- ▶ Frischer Rosmarin
- ▶ Draht
- ▶ Klebefilm
- ▶ Stilles Wasser
- ▶ 1 ganze Limette
- ▶ 50 ml Holunderblütensirup
- ▶ 100 ml Sodawasser
- ▶ Eiswürfel
- ▶ Essbarer silberner Glitzer

VORBEREITUNG

1 Schneide zwei kleine Zweige Rosmarin ab und wasche sie.

2 Stelle sie in das Glas hinein und wickle um sie ein Stück Draht herum, damit sie aufrecht stehen bleiben. Den Draht kannst du mit Klebefilm am Rand des Glases befestigen.

3 Gib nun vorsichtig Wasser in das Glas, bis es ca. ein Drittel befüllt ist. Stelle das Glas in den Gefrierschrank, bis das Wasser zu Eis geworden ist. Den Draht kannst du nun entfernen.

ZUBEREITUNG

1 Presse die Limette aus und gib den Saft in einen Cocktailshaker.

2 Gib als Nächstes den Holunderblütensirup und das Sodawasser hinzu. Füge außerdem ein paar Eiswürfel hinzu, damit das Getränk kälter ist und das Eis im vorbereiteten Glas nicht gleich schmilzt.

3 Gib noch ein bisschen essbaren Glitzer in Silber dazu, dadurch entsteht ein toller Effekt und das Getränk passt farblich perfekt zum Album! Schüttle den Behälter vorsichtig, damit alles gut gemixt ist, und gib die Mischung in das präparierte Glas.

4 Je nachdem, wie warm dein Getränk ist, schwimmen die Rosmarinbäumchen früher oder später an der Oberfläche

And all the stars aligned ...

In ihren Songs nimmt Taylor Swift oft Bezug auf die Sterne und die Nacht. Im Musikvideo zu *Karma* zeigt sie unter anderem, dass ihr Sternzeichen der Schütze ist.

SO GEHT'S

1 Übertrage die Sternen-Schablone auf Tonpapier oder Fotokarton. Die Vorlage findest du in der DigiBib.

2 Lege die Modelliermasse auf das Backpapier, die beiden Abstandshölzer rechts und links daneben und rolle die Masse mit der Teigrolle zu einer dünnen Fläche aus. Sobald sich die Fläche nicht mehr vergrößert, liegt die Teigrolle auf den Abstandshaltern auf und du kannst die Sternen-Schablone auflegen. Fahre mit der Spitze des Messers nun die Kontur der Schablone nach. Hast du alle Linien auf die Modelliermasse übertragen, kannst du die Schablone entfernen und mit dem Messer den Stern ausschneiden. Achte darauf, dass du die Klinge senkrecht in die Masse drückst. Nun entfernst du überstehende Masse und streichst mögliche Unebenheiten an den Kanten glatt. Den Vorgang kannst du nun mit den anderen Sternen wiederholen.

3 Entferne das Backpapier, lege die Sterne auf einen Stapel Zeitungspapier und lasse sie dort langsam trocknen, bevor du sie bemalst. Drehe die Sterne währenddessen mehrmals um, damit sie auf beiden Seiten trocknen können. Wenn sich das Zeitungspapier durch die Feuchtigkeit wellt, tausche es durch neues Zeitungspapier aus. Die Spitzen trocknen zuerst und wölben sich dabei nach oben. Solange die Masse noch nicht vollständig getrocknet ist, kannst du die Spitzen mit leichtem Druck vorsichtig flach drücken.

4 Sind die Sterne vollständig getrocknet, können kleine Unebenheiten mit feinem Schleifpapier geglättet werden.

5 Für die aufgemalten Sterne kannst du dir eine Negativ-Schablone aus Washi-Tape schneiden oder stanzen. Klebe dafür das Klebeband auf sauberes Backpapier und schneide oder stanze in die Mitte (an allen Seiten sollte genug Platz sein) einen kleinen Stern. Ziehe das Washi vom Backpapier ab und klebe es auf die getrocknete und staubfreie Modelliermasse. Reibe das Washi-Tape gründlich und gut auf den Untergrund, sodass keine Farbe unter das Washi laufen kann. Danach kannst du mit einem Feinhaarpinsel die Farbe innerhalb der Schablone auftragen. Die Schablone möglichst zügig abziehen und die Farbe trocknen lassen.

6 Um die Untersetzer vor Feuchtigkeit zu schützen, versiegle sie am Ende noch mit einer Schicht Klarlack.

DAS BRAUCHST DU

- ▶ Sternen-Schablone
- ▶ Tonpapier oder Fotokarton
- ▶ Luftrocknende Modelliermasse in Weiß
- ▶ Backpapier
- ▶ 2 runde oder eckige Holzstäbe
  (6 mm Durchmesser) als Abstandshalter
- ▶ Teigrolle
- ▶ Messer mit kurzer, glatter Klinge
- ▶ Zeitungspapier
- ▶ Feines Schleifpapier
- ▶ Breites Washi-Tape
- ▶ Feinhaarpinsel
- ▶ Acrylfarbe in verschiedenen Farben:
  Dunkelblau, Beige, Grau, Pink, Schwarz,
  Türkis, Rot, Lila, Gold, Hellgrün
- ▶ Klarlack auf Wasserbasis

Evermore

Gerade mal fünf Monate später veröffentlicht Taylor Swift ein weiteres Album, *Evermore.* Es ist das Schwesteralbum zu *Folklore,* behandelt ähnliche Thematiken und erzählt Geschichten.

ZUTATEN FÜR 1 GLAS

▶ Eiswürfel
▶ 1 EL Ahornsirup
▶ 30 ml Zitronensaft
▶ 20 ml Orangensaft
▶ 40 ml Apfelsaft
▶ 150 ml Mineralwasser

ZUBEREITUNG

1 Fülle einen Cocktailshaker mit Eiswürfeln. Gib den Amaretto, den Zitronensaft, den Orangensaft und den Apfelsaft hinzu. Schüttle den Shaker kräftig.

2 Gieße den Cocktail anschließend in ein Glas.

BASTELANLEITUNG

Das brauchst du:
▶ Vorlage für die Efeuranke
▶ Grünes, festeres DIN-A4-Papier
▶ Drucker oder Bleistift
▶ Schere
▶ Draht
▶ Heißkleber
▶ Grünes Stickgarn

So geht's
1 In der DigiBib findest du eine Vorlage mit Umrissen von Efeublättern, die du auf ein grünes DIN-A4-Papier drucken kannst. Schneide alle Efeublätter aus.

2 Als Nächstes schneidest du kurze, gleich lange Stücke vom Draht ab. Daran werden mit Heißkleber die Blätter befestigt. Sobald du alle Blätter an die Drahtstücke geklebt hast, kannst du die einzelnen Drähte an einem langen Stück Draht mit Hilfe des Sticktwists befestigen. Dieser sollte so lang sein, dass du ihn mehrmals um dein Glas wickeln kannst.

*... my house of stone,
your ivy grows ...*

... he was sunshine,
I was midnight rain ...

Midnights

Inspiriert von schlaflosen Nächten verarbeitet Taylor Swift auf ihrem zehnten Album *Midnights* ernste Themen wie Unsicherheit, Selbstkritik, Schlaflosigkeit und Angst. Musikalisch experimentiert sie mit Elektropop, Dream-Pop und Hip-Hop-Rhythmen.

BASTELANLEITUNG

- ► Kleine Polystyrolkugel
- ► Schaschlikspieß
- ► Pinsel
- ► Gelbe Acrylfarbe
- ► Schere
- ► Goldener Bastelkleber mit Glitzer
- ► Zuckerwatte in Blau

SO GEHT'S

1 Als Erstes spießt du den kleinen Ball auf den Schaschlikspieß auf. Die Kugel malst du rundherum gelb an. Lass alles gut trocknen. Kürze den Schaschlikspieß auf die Länge, die für dein Glas optimal ist.

2 Mit dem Glitzerkleber kannst du als Nächstes freihändig ein Muster auf den Ball malen. Lasse auch das gut trocknen.

3 Arrangiere alles auf dem Glas: Lege die Zuckerwatte als eine große Wolke auf das Glas und stelle die Sonne daneben rein.

ZUTATEN FÜR 1 GLAS

- ► 40 ml Limettensaft
- ► 40 ml Blue-Curaçao-Sirup
- ► 20 ml Cranberrysaft
- ► Eiswürfel
- ► 100 ml Zitronenlimonade
- ► Essbarer Glitzer in Dunkelblau

ZUBEREITUNG

1 Gib den Limettensaft, den Blue-Curaçao-Sirup und den Cranberrysaft in einen Shaker und schüttle ihn, sodass sich die Zutaten vermischen. Gib ein paar Eiswürfel in das Glas und gieße den Inhalt aus dem Shaker darüber.

2 Fülle das Glas mit der Zitronenlimonade auf, der Drink sollte eine schöne dunkelblaue Farbe bekommen. Füge als Letztes noch etwas essbaren Glitzer hinzu.

But you can make me a drink

Perfekt zu einer Party passen müssen natürlich auch die Becher, aus denen getrunken wird. Du kannst neben diesen Vorschlägen natürlich auch deine eigenen Symbole aus Pailletten erstellen.

SO GEHT'S

1 Da du beim Übertragen der Schablonen und Kleben der Pailletten in die Becher fassen wirst, trage Einweghandschuhe. Die Vorlagen findest du in der DigiBib.

2 Übertrage bzw. kopiere die Schablonen auf Papier und schneide die Vorlagen an den Linien aus. Lege die Papierschablone auf den Trinkbecher und halte sie mit einer Hand fest, während du mit der anderen Hand die Kontur mit Bleistift nachfährst und auf den Becher überträgst.

3 Der Bastelleim sollte eine ähnliche Konsistenz wie Zuckerguss haben – d. h. er sollte „stehen" bleiben, nicht zerlaufen und auch nicht zu schnell trocknen.

4 Trage den Leim großzügig innerhalb der Bleistiftkontur auf den Pappbecher auf. Beginne am besten mit der äußeren Kontur und fülle danach die restliche Fläche mit Leim. Sollte der Kleber sehr uneben sein, streiche ihn mit einem Stück Papier oder Karton etwas glatt. Achte dabei darauf, nicht die äußere Kontur zu verändern.

5 Streue nun die Pailletten auf den Leim und drücke sie mit den Fingerkuppen ganz vorsichtig etwas an. Aber nur so viel, dass die Pailletten kleben bleiben und nicht abfallen.

6 Achte darauf, dass die Pailletten innerhalb der Kontur liegen und nicht zu sehr über die Bleistiftlinien hinausragen. Wenn das Motiv noch nicht vollflächig mit Pailletten bedeckt ist, kannst du Lücken mit einzelnen Pailletten schließen. Dafür nimmst du die Pailletten am einfachsten mit einer Pinzette auf, tupfst sie mit der Unterseite auf einen Leimklecks und danach auf die freie Stelle im Motiv.

7 Lass den Leim gut trocknen, bevor du die Becher benutzt.

Du & Taylor

MEINE FÜNF LIEBLINGSLIEDER:

MEIN LIEBLINGSALBUM:

MEINE LIEBSTE ERA:

SEIT DIESEM ALBUM BIN ICH EIN SWIFTIE:

Taylor Swift   Fearless   Speak Now   Red   1989   Reputation   Lover   Folklore   Evermore   Midnights

HIER HÖRE ICH AM LIEBSTEN IHRE MUSIK:

MEIN LIEBLINGSMUSIKVIDEO:

MEIN LIEBLINGSOUTFIT VON IHR:

MEINE LIEBSTE ERINNERUNG IN
ZUSAMMENHANG MIT TAYLOR:

BESCHREIBE DEIN LIEBSTES
ERAS-TOUR-OUTFIT:

TAYLORS GLÜCKSZAHL IST DIE 13,
WELCHE IST DEINE UND WARUM?

Klebe hier dein Outfit ein!

DEIN LIEBSTES EASTER EGG:

WAS IST DEINE LIEBSTE LIEDZEILE?

WELCHER IST DEIN LIEBSTER „FROM THE VAULT"-TRACK?

WIE INTEGRIERST DU TAYLOR SWIFT IN DEINEN ALLTAG?

WAS IST DEIN LIEBSTER TAYLOR-SWIFT-FAN-ARTIKEL?

WELCHEN AUFTRITT IN TV-SHOWS ODER IN FILMEN MOCHTEST DU AM MEISTEN?

MIT WEM SOLLTE TAYLOR SWIFT EIN DUETT AUFNEHMEN?

WENN DU DIR AUSSUCHEN KÖNNTEST, BEI EINER TOUR LIVE DABEI ZU SEIN, WELCHE WÄRE DAS UND WARUM?

It's been a long time coming ...

Mit ihrer Eras-Tour setzt Taylor Swift einen Meilenstein in der Geschichte der Musik. Sie singt Lieder aus all ihren Alben und überrascht die Fans auch mit den Surprise Songs, die auf jedem Konzert andere sind. Mit dem Eras-Tour-Stoffbeutel hast du immer einen perfekten Begleiter und ein Andenken an Taylor Swift dabei.

DAS BRAUCHST DU

▶ Stoffbeutel
▶ Vorlage aus der DigiBib
▶ Hitzelöslicher Stift
▶ Föhn
▶ Stickrahmen (z. B. mit 28 cm Durchmesser)
▶ Sticknadel
▶ Stickgarn in verschiedenen Farben: Schwarz (2 Stränge), Dunkelgrün, Braun, Gelb, Helllila, Dunkellila, Dunkelrot, Hellblau, Hellgrau, Mittelgrau, Dunkelgrau, Rosa, Blau, Rot, Dunkelgelb, Dunkelblau
▶ Schere

SO GEHT'S

1 Bügle, falls nötig, zuerst den Stoffbeutel. Übertrage die Vorlage aus der DigiBib auf deinen Stoffbeutel. Dafür kannst du entweder die Vorlage ausdrucken und unter den Stoffbeutel legen oder du paust sie direkt von deinem Bildschirm oder Tablet ab. Für diesen Schritt eignet sich am besten ein hitzelöslicher Stift, denn nach dem Sticken kannst du die Linien mit einem heißen Föhn entfernen.

2 Spanne den Beutel in deinen Stickrahmen ein. Du kannst entweder einen großen Stickrahmen nehmen oder einen kleinen und ihn dann für jedes Motiv neu platzieren.

3 Beginne damit, die Schrift in der Mitte zu sticken. Nimm ein schwarzes Stück Stickgarn und mache einen kleinen Knoten an ein Ende. Das andere Ende fädelst du durch die Sticknadel. Mit dem Rückstich umrandest du zunächst die Buchstaben und schaffst damit eine Outline. Bei Rundungen machst du am besten viele kleine Stiche, dadurch werden es schöne Bögen. Danach füllst du die Buchstaben mit kurzen Stichen aus. Alle Enden befestigst du mit einem doppelten Knoten.

4 Als Nächstes geht es an die Symbole. Für fast alle Symbole benötigst du nur den Rückstich. Nimm für die 13 ein Stück dunkelgrünes Garn und sticke die Outlines mit dem Rückstich nach.

5 Für die Cowboystiefel brauchst du braunes Stickgarn. Sticke zuerst mit dem Rückstich die Außenlinien nach und fülle dann mit kurzen Stichen die Sohle und das Label am oberen Rand.

6 Bei der Gitarre nimmst du gelbes Stickgarn und stickst zuerst die Außenlinien nach und dann die Elemente im Inneren der Gitarre. Für die Wirbel oben an der Gitarre trennst du vom Garn zwei Stränge ab und stickst mit kurzen geraden Stichen die Wirbel.

7 Um bei den Sternen einen Farbwechsel zu erzielen, teilst du einen helllilafarbenen und einen dunkellilafarbenen Strang entzwei, sodass du nun 4 Stränge hast. Dann verwirbelst du jeweils einen Strang der beiden Farben miteinander und knotest das eine Ende zu.

Mit dem Rückstich stichst du die Sterne.

8 Für den Schal nimmst du dunkelrotes Garn und stickst die Umrisse mit dem Rückstich nach.

9 Die Möwen stickst du mit dem Rückstich in Hellblau.

10 Bei der Katze brauchst du zunächst hellgraues Garn und stickst damit die Kopfform, danach die Schnurrhaare und als Letztes den Mund. Die Nase stickst du mit rosa Garn mit drei kurzen Stichen. Die Augen stickst du mit dem Knötchenstich in Blau.

11 Für die Schlange nimmst du als Erstes schwarzes Garn und stickst die Umrisse mit dem Rückstich. Danach stickst du die Streifen mit rotem Garn in regelmäßigem Abstand. Ein Streifen ist zwei Stiche breit. Als Letztes musst du noch einen kleinen roten Streifen für die Zunge am Kopf ergänzen.

12 Die Herzen werden in zwei verschiedenen Farben gestickt. Das vordere Herz umrandest du mit dem Rückstich in Rosa und das hintere Herz in Hellblau.

13 Bei den Bäumen benötigst du drei verschiedene Grautöne. Den linken Baum stickst du in dem mittleren Grauton, den Baum in der Mitte mit dem dunkelsten Grauton und den rechten mit dem hellen Grauton mit dem Rückstich.

14 Zunächst stickst du den Rand der Gläser mit dem Rückstich in Hellgrau. Für den Champagner nimmst du ein dunkelgelbes Garn. Du kannst zuerst die „Wasserlinie" sticken und danach das Glas mit kurzen Stichen füllen.

15 Als Letztes brauchst du das dunkelblaue Garn. Mit dem Rückstich stickst du die Diamant-Konturen einfach nach.

16 Fertigstellung: Achte darauf, dass alle losen Enden festgeknotet sind. Damit der Beutel die Falten des Stickrahmens verliert, kannst du ihn noch einmal bügeln. Dadurch werden auch die Linien des Stiftes entfernt.

Love you to the moon and to saturn

Mit dieser kleinen Box kannst du dem Swiftie in deinem Leben eine besondere Freude bereiten. Zusätzlich ist noch Platz für eine persönliche Kleinigkeit, die in die Box gelegt werden kann.

DAS BRAUCHST DU

- ▶ Vorlage aus der DigiBib
- ▶ Cardstock in Rosa (30 x 30 cm, 10,6 x 10,6 cm und 8 x 8 cm)
- ▶ Schere
- ▶ Bastelleim
- ▶ Glitzerkarton in Rosa (17 x 17 cm) und Silber
- ▶ Lineal
- ▶ Bleistift
- ▶ Gelstift in Weiß
- ▶ Hartfolie klar (10 x 10 cm)
- ▶ Doppelseitiges Klebeband
- ▶ Nähnadel
- ▶ Watte- oder Styroporkugeln (2,5 cm und 1,6 cm Durchmesser)
- ▶ Acrylfarbe in Rosa und Silber
- ▶ Pinsel
- ▶ Zirkel
- ▶ Nähgarn in Rosa
- ▶ Motivstanzer Stern (1,6 und 1,1 cm)
- ▶ Washi-Tape
- ▶ (Rundes Streudekor Silber)

SO GEHT'S

Unterteil:

1 Übertrage für das Unterteil der Box die Vorlage auf rosafarbenen Cardstock. Die durchgezogenen Linien sind Schnittlinien, die gestrichelten Linien sind Falzlinien. Die gepunkteten Flächen sind Klebelaschen. Schneide dementsprechend die Form an den durchgezogenen Linien aus, falze die gestrichelten Linien um und klebe die Seiten an den Klebelaschen fest.

Deckel:

2 Für den Deckel überträgst du die entsprechende Vorlage auf den Glitzerkarton. Falze den Glitzerkarton an allen vier Seiten bei 3,4 cm und schneide für die Klebelaschen alle vertikalen Falzlinien vom Rand bis zur ersten „Kreuzung" ein (siehe Vorlage). Die Laschen werden aber erst ganz am Ende festgeklebt. Schneide in die Mitte des Glitzerkartons einen Stern, der als Fenster dienen wird. Durch das Fenster wird später der Text „love you to the moon and to saturn" zu lesen sein.

3 Diesen Text schreibst du auf ein 8 x 8 cm großes Stück rosafarbenen Cardstock. Um den Fenster-Ausschnitt genau zu treffen, lege den Cardstock MITTIG (wichtig) hinter das Sternen-Fenster und zeichne die Sternenkontur mit Bleistift auf den Cardstock. Wenn du diesen mit Hilfe des weißen Gelstifts beschriftet hast, kann die Bleistiftmarkierung wieder wegradiert werden.

4 Danach wird das Fenster nicht mehr als Markierungshilfe benötigt und kann rückseitig mit der durchsichtigen Hartfolie beklebt werden. Verwende hierfür doppelseitiges Klebeband. Der Glitzerkarton ist weiterhin noch flach und die Klebelaschen sind noch nicht festgeklebt.

5 Das Sternen-Fenster wird später mit einem „doppelten Boden" hinterklebt – mit etwas Abstand, damit sich das Konfetti darin gut bewegen lässt.

6 Für den doppelten Boden schneide aus dem rosafarbenen Cardstock ein 10,6 x 10,6 cm großes Stück und falze es an allen vier Seiten bei je 0,8 cm und 1,3 cm. Die äußeren sind dabei Berg-Falze und die inneren Tal-Falze. Schneide die Klebelaschen wie bei der Vorlage zu sehen ist, aber klebe sie noch nicht fest. Die vier äußeren, 8 mm breiten Klebelaschen kannst du auf der Oberseite schon mal mit doppelseitigem Klebeband bekleben. Steche nun mit einer Nähnadel einige Löcher in das mittlere Quadrat. An diesen Löchern wird das Innenleben der Box befestigt.

7 Für den Saturn bestreiche die größere Watte- oder Styroporkugel mit der rosafarbenen Acrylfarbe, für den Mond die kleinere Kugel mit silberner Farbe, und lasse es gut trocknen. Danach schneide den Ring des Saturns aus rosafarbenem Cardstock. Der innere

Kreis sollte einen halben Millimeter kleiner sein als der Durchmesser der rosa Kugel (hier 2,45 cm), der äußere Kreis 4,2 cm. Nimm am besten einen Zirkel zu Hilfe, mit dem du die beiden Kreise ziehst. Den Ring kannst du nun mittig auf die rosafarbene Kugel schieben. Sollte der Ring nicht von selbst halten, fixiere ihn mit etwas Klebstoff.

8 Mit einer langen Nähnadel durchbohrst du nun die Kugeln und fädelst sie jeweils auf ca. 20 cm langes Garn. Die Fadenenden einfach auf der Unterseite jeder Kugel mit einem Tropen Klebstoff fixieren.

9 Stanze aus silbernem Glitzerkarton zahlreiche Sterne in zwei unterschiedlichen Größen. Diese Sterne kannst du danach auf ca. 20 lange Garnstücke kleben. Damit die Sterne von allen Seiten funkeln, beklebe jeden Stern auf seiner Rückseite mit einem zweiten Stern der gleichen Größe – der Faden liegt dabei in der Mitte der beiden Sterne. Die Fäden sollten auf max. 2/3 ihrer Längen mit Sternen beklebt werden. Die anderen Hälften auf eine Nähnadel fädeln und von der Unterseite des doppelten Bodens durch die vorgestochenen Löcher ziehen. Auf der Oberseite können die Fäden mit Washi-Tape fixiert werden. Die Optik ist dabei zu vernachlässigen, da die Fadenenden später mit dem beschrifteten Cardstock überklebt werden. Allerdings sollte das Washi keine Falten schlagen und flach anliegen. Beklebe so viele Fäden mit Sternen, wie es dir gefällt, und befestige alle Fäden – auch die des Monds und des Saturns – auf diese Weise. Überstehende Fadenreste auf der Oberseite abschneiden.

FORTSETZUNG AUF SEITE 48

10 Die herunterhängenden Fäden können sich nun schnell verknoten – bewege das Werkstück bis zu seiner Vollendung nur so viel wie nötig.

Tipp

Wenn du die einzelnen Fäden mit den daran befestigten Sternen auf dem Cardstock mit Washi-Tape befestigst, kannst du vermeiden, dass sich die Fäden beim Drehen des Werkstücks verknoten. Wenn der Deckel fertig ist, kannst du das Washi-Tape wieder entfernen.

11 Den beschrifteten Cardstock mit doppelseitigem Klebeband auf das 8 x 8 cm große Feld über die Fadenenden kleben. Da auf der Unterseite die Sterne hängen, ist es besser, wenn dir dabei jemand hilft und das Werkstück festhält, während du den Text aufklebst. Danach können die vier kleinen Klebelaschen an den seitlichen Nachbarflächen mit Bastelleim befestigt werden – jetzt ist der Cardstock nicht mehr flach und das Konfetti kann in die Vertiefung gestreut werden. Anschließend die vier 8 mm breiten Klebelaschen (die Oberseiten sind mit doppelseitigem Klebeband bereits beklebt) nun mittig auf der Unterseite des Glitzerkartons befestigen. Achte darauf, dass der doppelte Boden mittig angebracht ist und der Text vollständig durch das Fenster zu lesen ist.

12 Zum Schluss können die Seitenteile des Glitzerkartons aufgestellt, die Laschen mit Bastelleim versehen und befestigt werden. Nun ist der Deckel fertig. Sollte der Leim durch die Glitzerbeschichtung nicht gut anziehen, befestige an den Klebestellen Klammern und lasse den Leim gut trocknen.

Rätselspaß

Du bist ein echter Swiftie? Dann ist dieses Kreuzworträtsel für dich bestimmt ein Klacks! Das Lösungswort verrät dir, wie die Tausend-füßer-Art heißt, die nach der Sängerin benannt wurde.

1. In welchem Monat ist Taylor geboren?

2. Welches Wort wurde 2023 „Oxford's Word of the Year" und erhielt einen Eintrag im bekannten Wörterbuch?

3. Taylor hat einen jüngeren Bruder, der als Schauspieler auch in mehreren Musikvideos seiner Schwester auftrat. Wie lautet sein Vorname?

4. Wie heißt das Album, das sie 2017 veröffentlichte?

5. Wie lautet der zweite Vorname von Taylor?

6. Bereits mit zwölf Jahren lernte die Sängerin und Songwriterin Gitarre spielen und schrieb ihren ersten Song. Welchen Titel trägt er?

7. Taylors Oma war Opernsängerin und ein großes Vorbild. Taylor widmete ihr ein Lied. Weißt du, wie es heißt?

8. Welchen Song schrieb sie über die Beziehung zu Joe Jonas?

9. Wie heißt der Charakter, den die Sängerin in dem Musicalfilm „Cats" spielt?

10. Taylor hat zwei Katzen namens Meredith Grey und Olivia Benson. Wie heißt ihr Kater?

11. In welchem Film spielte Taylor 2010 die Rolle der Felicia?

12. Nach wem wurde Taylor benannt?

13. Was produzierte die Farm, auf der die Sängerin aufwuchs?

14. Bei welchem Album war nur sie selbst Songwriterin?

15. Was ist ihre Lieblingszahl?

... Let the games begin! ...

So make the friendship bracelets

DAS BRAUCHST DU

► Elastischer Nylonfaden
► Buchstabenperlen
► Runde Perlen in vielen verschiedenen Farben und Größen
► Spezielle Perlen (z. B. Herzen, Sterne, Schmetterlinge)
► Schere

SO GEHT'S

1 Für das Auffädeln deiner Armbänder sind deiner Fantasie keine Grenzen gesetzt. Orientiere dich an den Farben der verschiedenen Taylor-Swift-Alben oder fädle ganz nach deinen eigenen Vorlieben. Suche ein Wort aus und beginne dein erstes Armband. Schneide ein 20 cm langes Stück Faden ab und verknote ein Ende, sodass deine Perlen nicht vom Faden fallen können.

2 Nimm dir die Perlen deiner Wahl und fädle sie auf. Dabei kannst du auf eine bestimmte Reihenfolge achten oder wild durcheinander auffädeln. Das ist ganz dir überlassen!

3 Achte darauf, das Wort in der Mitte deines Armbandes aufzufädeln. Prüfe zwischendurch immer wieder an deinem Handgelenk, wie lang dein Armband werden soll. Das ist bei jedem Handgelenk unterschiedlich. Zum Schluss verknotest du dein Armband und schneidest die überstehenden Fäden ab. Damit das Armband besser hält, mache am besten einen doppelten Knoten. Die kurzen Fadenenden kannst du in deiner Anfangs- oder Endperle verschwinden lassen.

IVY

1 Schneide dir ein 45 cm langes Stück Faden ab und teile es in der Mitte. Verknote die beiden Enden, sodass beide Fäden gleich lang sind.

2 Fädle je nach Länge des Wortes Anfangsperlen durch beide Schnüre auf.

3 Nimm den oberen Strang des Fadens und fädle erst eine grüne Glasperle, eine Buchstabenperle und dann noch eine weitere grüne Glasperle auf. Auf den unteren Strang fädelst du drei grüne Glasperlen.

4 Als Nächstes nimmst du dir eine weitere Buchstabenperle und fädelst sie durch beide Fadenstränge durch. Wiederhole nun Schritt 3, aber seitenverkehrt. Das heißt, du nimmst den unteren Fadenstrang und fädelst die grüne Glasperle, die Buchstabenperle und wieder eine grüne Glasperle auf. Auf den oberen Fadenstrang fädelst du drei grüne Glasperlen auf. Wiederhole Schritt 3 und 4 für alle Buchstaben.

5 Wiederhole nun Schritt 2. Am Ende musst du nur noch das Band gut verknoten.

BESONDERE ARMBÄNDER

Für die folgenden Bänder wird mit doppelten Fäden gearbeitet. Deshalb ist es wichtig, dass du Perlen verwendest, deren Löcher groß genug sind, um zwei Fäden gleichzeitig durchzuführen. Bei diesen besonderen Bändern bestimmt die Länge des Wortes, wie viele Anfangsperlen du brauchst und wo du mit den Buchstaben beginnst. Hier eignen sich eher kurze Wörter, weil dein Band sonst zu groß werden könnte.

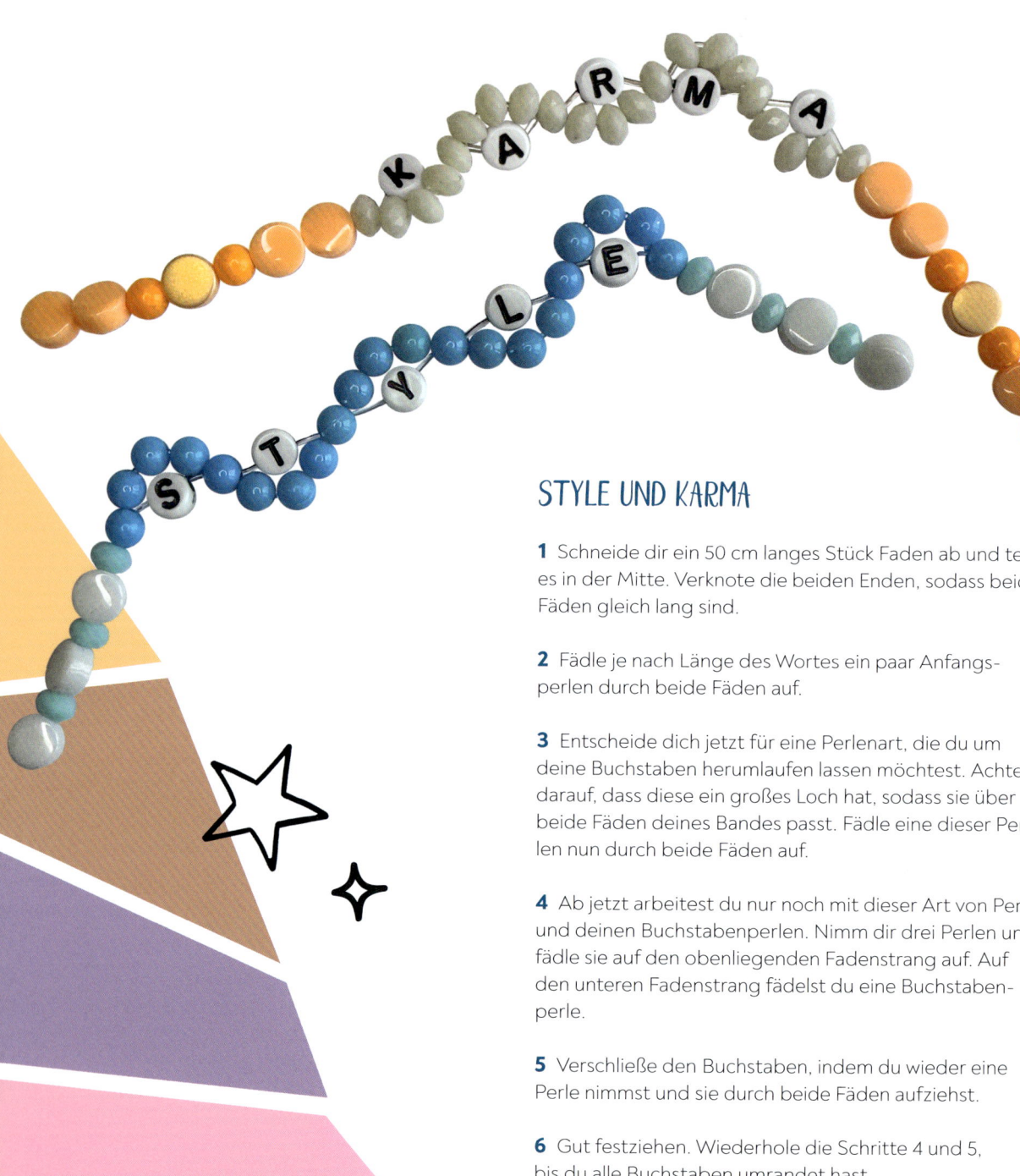

STYLE UND KARMA

1 Schneide dir ein 50 cm langes Stück Faden ab und teile es in der Mitte. Verknote die beiden Enden, sodass beide Fäden gleich lang sind.

2 Fädle je nach Länge des Wortes ein paar Anfangs-perlen durch beide Fäden auf.

3 Entscheide dich jetzt für eine Perlenart, die du um deine Buchstaben herumlaufen lassen möchtest. Achte darauf, dass diese ein großes Loch hat, sodass sie über beide Fäden deines Bandes passt. Fädle eine dieser Per-len nun durch beide Fäden auf.

4 Ab jetzt arbeitest du nur noch mit dieser Art von Perle und deinen Buchstabenperlen. Nimm dir drei Perlen und fädle sie auf den obenliegenden Fadenstrang auf. Auf den unteren Fadenstrang fädelst du eine Buchstaben-perle.

5 Verschließe den Buchstaben, indem du wieder eine Perle nimmst und sie durch beide Fäden aufziehst.

6 Gut festziehen. Wiederhole die Schritte 4 und 5, bis du alle Buchstaben umrandet hast.

7 Wiederhole nun Schritt 2. Am Ende musst du nur noch das Band gut verknoten.

GORGEOUS

1 Schneide dir ein 50 cm langes Stück Faden ab und verknote ein Ende, sodass deine Perlen nicht vom Faden fallen können.

2 Fädle vier bunte Perlen und eine andersfarbige Perle auf. Das wird die Mitte.

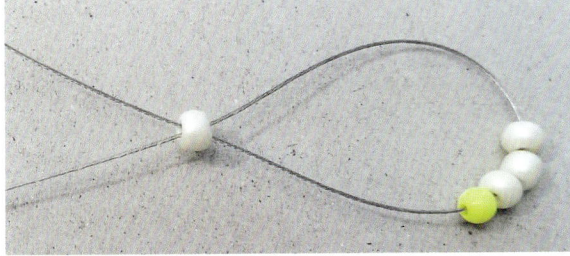

3 Ziehe den Faden durch die erste Perle und fädle drei weitere bunte Perlen auf.

4 Nun führst du deinen Faden durch die Perle, die rechts neben der gelben liegt (siehe Schrittbild). Dann ziehst du den Faden so fest es geht zu.

5 Verwende jetzt zwei Perlen deiner Wahl, die du durch beide Fäden aufziehst. Wiederhole das Ganze für weitere Blumen.

6 Fädle deine Buchstabenperlen auf.

7 Wiederhole Schritt 2 bis 5 und mache einen Schlussknoten.

MINE

1 Schneide dir ein 50 cm langes Stück Faden ab und teile es in der Mitte. Verknote die beiden Enden, sodass beide Fäden gleich lang sind.

2 Fädle je nach Länge des Wortes ein paar Anfangsperlen durch beide Schnüre auf.

3 Nimm dir den oberen Strang deiner beiden Fäden und fädle drei Glasperlen, eine Buch-stabenperle und zwei Glasperlen auf. Jetzt nimmst du deinen unteren Strang und fädelst sechs Glasperlen auf. Nimm dir eine Perle deiner Wahl, deren Loch für beide Fäden groß genug ist, und fädle diese auf. Gut festziehen.

4 Wiederhole den vorherigen Schritt, bis du alle Buchstaben aufgefädelt hast. Hier eignen sich kurze Wörter besonders gut.

5 Wiederhole Schritt 2 und beende dein Band mit einem doppelten Knoten.

HIER SIND EIN PAAR WEITERE IDEEN FÜR DEINE FREUNDSCHAFTSARMBÄNDER:

Enchanted
Anti-Hero
Cruel Summer
Bejeweled
All Too Well
Taylors version
Karma is my boyfriend

Hier sind außerdem ein paar Vorschläge, wenn dir die am häufigsten benutzten Buchstaben ausgegangen sind.

OHNE E:
Midnights
Mirrorball
London Boy
Our Song
Bad Blood

OHNE A:
Love Story
So It Goes
King Of My ♥
Junior Jewels
No Body No Crime
Peter Losing Wendy

OHNE I:
YOYOK (You're On Your Own Kid)
Story Of Us
Fearless
Mad Woman
Dress
Dont Blame Me

OHNE VOKALE:
123lgb
1989
Lwymmd
W2ny

OHNE S:
Long Live
Getaway Car
Cardigan
Lavender Haze
Willow
Calm Down

OHNE R:
Shake It Off
Its me hi
Cuz shes dead
August
Swiftie
Daylight

Wortsuche

(TAYLOR'S VERSION)

Finde die Namen von Taylors Songs in diesem Buchstabengewirr.

A	D	I	M	D	D	E	L	R	S	T	E	S
S	Q	O	I	E	O	S	P	O	A	L	I	P
D	L	N	N	B	O	U	Y	V	I	R	D	A
N	D	L	V	T	L	B	I	G	Z	E	M	R
F	E	E	I	R	B	T	H	L	S	H	X	K
R	L	S	S	H	D	L	O	V	E	R	C	S
G	E	I	I	I	A	R	A	H	U	Q	L	F
H	W	V	B	T	B	Q	X	M	P	B	V	L
Y	E	L	L	A	P	W	I	S	E	T	R	Y
X	J	Y	E	E	L	Y	T	R	H	M	P	G
L	E	K	T	V	U	R	M	U	F	R	E	R
Z	B	E	R	C	C	H	A	N	G	E	T	L
B	E	J	K	L	Y	W	I	E	B	Z	C	O

BADBLOOD   **BEJEWELED**   **INVISIBLE**   **CHANGE**   **LOVER**

RUN   **HOAX**   **DONTBLAMEME**   **SPARKSFLY**

Sunshine on the street at the parade

In dem Musikvideo zu *You Need To Calm Down* zeigt sich Taylor Swift erstmals mit ihrer ikonischen Sonnenbrille. Danach ging ein regelrechter Hype los, denn alle wollten diese Herzchensonnenbrille haben.

DAS BRAUCHST DU

▶ Herzförmige Sonnenbrille in bunten Farben (oder Sonnenbrille mit normalen Gläsern)
▶ Perlen
▶ Buchstabenperlen
▶ Strasssteine
▶ Heißkleber oder Sekundenkleber
▶ Ggf. eine kleine Pinzette
▶ Glitzerkleber

SO GEHT'S

1 Suche dir zunächst die Perlen, Buchstaben und Strasssteine aus, die du gerne verwenden möchtest. Lege sie dir dann so zurecht, wie du sie auf der Brille platzieren möchtest.

2 Als Nächstes setzt du kleine Tropfen Kleber auf den Brillenrand. Setze nicht zu viele, damit der Kleber nicht trocken ist, bevor du etwas darauf kleben kannst.

3 Zum Platzieren der Strasssteine und kleinen Perlen eignet sich eine kleine Pinzette.

4 Du kannst zum Beispiel auch mehrere Sonnenbrillen farblich passend zu den Alben gestalten, Glitzerkleber verwenden oder deiner Fantasie freien Lauf lassen, etwa mit eigenen Sprüchen, die dich an Taylor Swift erinnern.

Lover House

Damit du deine Freundschaftsarmbänder mit Stil aufbewahren kannst, kannst du dir dein eigenes kleines *Lover*-Haus bauen. Alle Eras werden hier repräsentiert und du hast deine Freundschaftsarmbänder immer griffbereit.

DAS BRAUCHST DU

► Vorlage für das Haus
► Schere
► Bleistift
► Dünner Karton (z. B. eine Cornflakes-Verpackung)
► Acrylfarbe in Weiß, Schwarz, Hellblau, Orange, Rot, Gold, Grün, Lila, Dunkelblau und Braun
► Pinsel
► Bastelkleber
► Bastelmoos

SO GEHT'S

1 Auf der gegenüberliegenden Seite findest du die Vorlage für das kleine Haus. In unserer DigiBib kannst du dir die Vorlage für ein größeres Haus herunterladen, die auf A3-Papier ausgedruckt werden kann. Die Maßangaben für das große Haus findest du auch in grauer Schrift auf der Vorlage für das kleine Haus.

2 Zunächst paust du die Vorlage ab oder druckst sie aus. Danach schneidest du die Vorlage aus. Nur entlang der durchgefahrenen Linien schneiden, die gestrichelten Linien sind später die Falzlinien. Dann überträgst du die Vorlage auf dünnen Karton, damit das Haus stabil wird und schneidest das Ganze nochmal aus.

3 Die Vorderseite wird als Erstes mit weißer Acrylfarbe grundiert. Danach teilst du das Haus in einzelne Zimmer auf (siehe Grafik auf Seite 52). Diese kannst du mit dünnen Bleistiftlinien einzeichnen, die du nach dem Farbauftrag nicht mehr sehen wirst.

4 Gehe am besten von oben nach unten vor. Male zuerst das Dachgeschoss schwarz an, dann die linke Seite mit hellblauer Acrylfarbe. Für die Mitte des dritten Geschosses mischst du Orange mit etwas Schwarz, um einen dunklen Orangeton zu erhalten. Für das Zimmer rechts daneben musst du weiße Acrylfarbe mit etwas roter Acrylfarbe mischen. Für das zweite Geschoss nimmst du zuerst goldene Acrylfarbe und malst das linke Zimmer an. Danach mischst du Weiß mit etwas Schwarz und füllst den Flur mit hellgrauer Farbe aus. Rechts daneben wird das Zimmer in Rot angestrichen. Im Erdgeschoss malst du das linke Zimmer grün und das rechte Zimmer lila an. In der Mitte der beiden Zimmer ist die Eingangstür des Hauses. Dafür malst du ein rotes Rechteck und füllst den Hintergrund in Dunkelblau aus. Lasse nun alles gut trocknen. Danach kannst du mit schwarzer Farbe die Trennungslinien nachfahren.

5 Die Seitenwände kannst du in einem hellen Braunton anmalen. Für den Boden mischst du die grüne

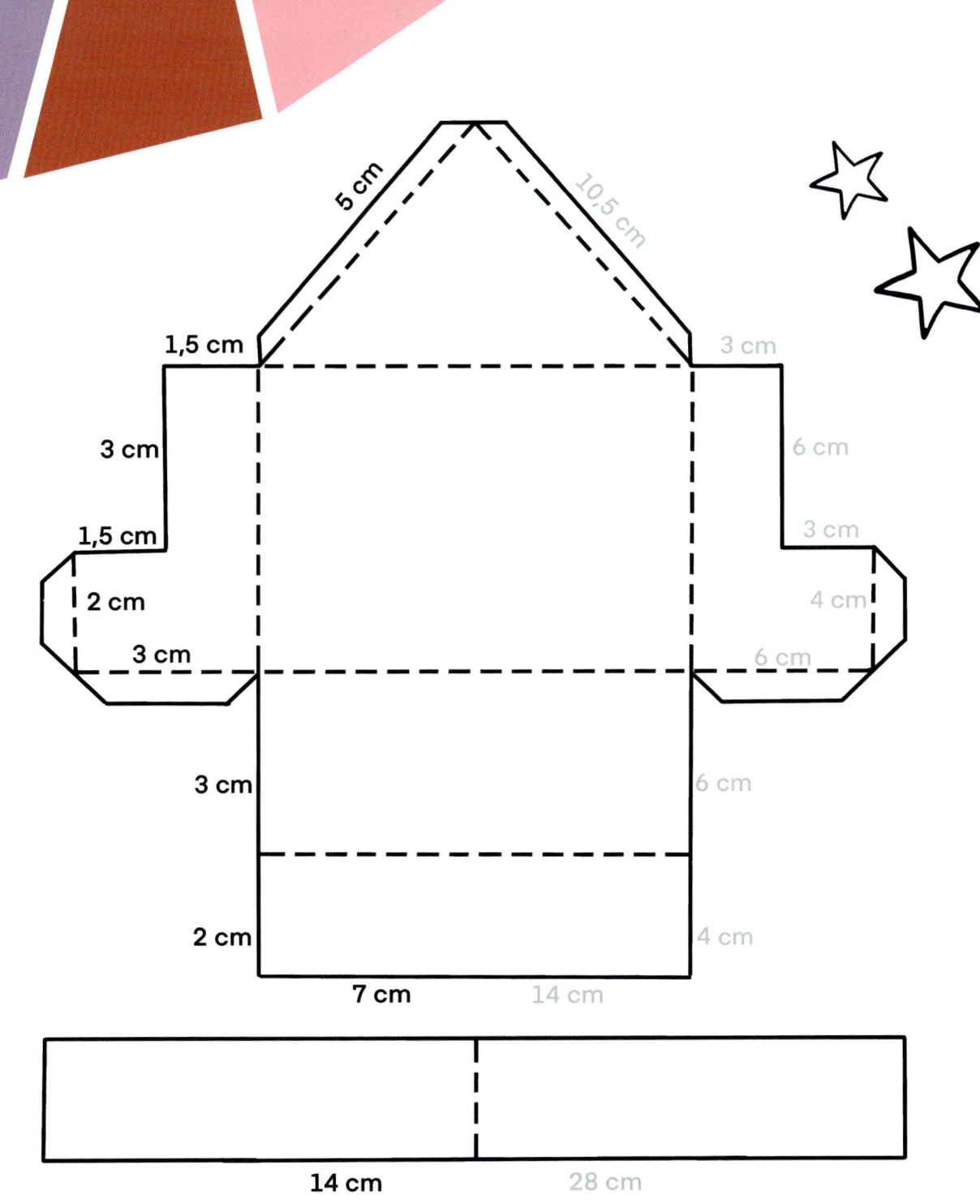

5 cm

10,5 cm

1,5 cm

3 cm

3 cm

6 cm

1,5 cm

3 cm

2 cm

4 cm

3 cm

6 cm

3 cm

6 cm

2 cm

4 cm

7 cm

14 cm

14 cm

28 cm

FORTSETZUNG AUF SEITE 64

Acrylfarbe mit etwas schwarzer Acrylfarbe, um einen dunkleren Ton zu erreichen. Die Innenseite der Vorderfront kannst du in einer Farbe deiner Wahl anmalen. Lasse noch einmal alles gut trocknen.

6 In der Zwischenzeit kannst du das Dach in Braun von beiden Seiten anmalen. Achte darauf, dass eine Seite gut getrocknet ist, bevor du die andere Seite anmalst.

7 Drehe nun das Haus um. Du kannst das gesamte Haus im gleichen Braunton anmalen wie das Dach. Lasse es gut trocknen.

8 Drehe das Haus erneut um, sodass nun die farbigen Zimmer nach oben zeigen. Jetzt geht es an das Zusammenkleben. Falte den Karton an den gestrichelten Linien nach vorn, denn das sind deine Klebelaschen. Gib zuerst Kleber auf die Laschen, an denen der Boden befestigt werden soll, und klebe den Boden fest. Als Nächstes klebst du die Innenseite der Front an den Klebelaschen fest. Schließlich muss nur noch das Dach befestigt werden. Dazu knickst du es einmal entlang der gestrichelten Linie und legst es mittig auf das Haus. Drücke die Laschen mit dem Kleber fest an, damit es hält.

9 Als letzten Schritt kannst du noch etwas Moos auf das Dach kleben, wenn du möchtest. Fertig ist nun dein kleines Haus, in dem du deine Freundschaftsarmbänder aufbewahren kannst.

Teste dein Wissen!

Ob du seit Jahren unter den 0,5%-Hörer:innen auf Spotify bist oder erst seit Kurzem Taylor Swifts Musik hörst, dieses Quiz geht direkt in dein Ohr. Vervollständige die Lyrics: In der ersten Schwierigkeitsstufe hast du noch Unterstützung, da mehrere Optionen zur Auswahl stehen. In Schwierigkeitsstufe 2 musst du selbst die korrekte Antwort eintragen.

KATEGORIE 1: WELCHES WORT FEHLT?

Life was a willow and it bent right to your ____

- [ ] Wind
- [ ] Magic
- [ ] Name
- [ ] Sun

I knew you were ____ when you walked in

- [ ] Confident
- [ ] Shy
- [ ] Trouble
- [ ] Hungry

I didn't choose this ____ I dream of getting out

- [ ] City
- [ ] Town
- [ ] Village
- [ ] Nightmare

And when I felt like I was an old ____ under someone's bed

- [ ] Jacket
- [ ] Cardigan
- [ ] Sweater
- [ ] Jumper

Standing in a nice dress staring at the ____, babe

- [ ] Eclipse
- [ ] Twilight
- [ ] Sunrise
- [ ] Sunset

This night is ____, don't you let it go

- [ ] Sparkling
- [ ] Shining
- [ ] Shimmering
- [ ] Splendid

KATEGORIE 2: VERVOLLSTÄNDIGE DIE LYRICS

Don't blame me, love made me crazy ....

He likes my American smile ....

Sweet like honey, karma is a cat ....

Our song is the way you laugh ....

We were both young when I first saw you ....

Tell them how the crowds went wild ....

And I screamed for whatever it's worth ....

Your mom's ring in your pocket ....

I have this dream you're doing cool shit ....

And maybe we got lost in translation ....

I'm a mirrorball

In ihrem Song *Mirrorball* besingt Taylor die Schönheit, die in der Gebrochenheit liegt. Die Erzählerin im Lied vergleicht sich selbst mit einer Discokugel, die zerbrechlich ist und trotzdem unterhalten will.

DAS BRAUCHST DU

► Polystyrolkugel (10 cm)
► Nylonschnur
► Schere
► Quadratische Mosaik-Spiegelsteine (10 x 10 mm)
► Heißklebepistole und Kleber

SO GEHT'S

1 Zunächst befestigst du die Nylonschnur am Ball. Dazu misst du ab, auf welcher Höhe die Kugel später beispielsweise von deiner Decke oder einem Regal hängen soll. Diese Maßangabe nimmst du mal zwei, da du die Schnur doppelt nimmst – auf diese Weise kannst du sie einfacher befestigen und die Kugel hängt stabiler.

2 Nun geht es an das Befestigen der Mosaiksteine. Dafür nimmst du zuerst den Nylonfaden und wickelst ihn zweimal über Kreuz um die Kugel, führst beide Enden unter den Fäden durch und verknotest sie zweimal fest.

3 Klebe dann die ersten Mosaiksteine auf die Unterseite, auf der sich die Fäden kreuzen. Mit der Heißklebepistole setzt du die Klebepunkte auf die Mosaiksteine. Falls du den Heißkleber direkt auf die Kugel setzt, kann es unter Umständen sein, dass eine Delle in die Styroporkugel gedrückt wird. Klebe danach Steine entlang der Fadenlinien auf. Nun kannst du immer mehr Steine rechts und links auf den Ball kleben. In der Mitte werden die Steinchen irgendwann zu groß sein. Du kannst sie nun aufeinander kleben.

4 Lasse alles gut trocknen. Wenn du dir sicher bist, dass alle Steine gut befestigt sind, kannst du die Kugel in deinem Raum platzieren. Hänge sie am besten dort auf, wo Sonnenschein direkt hinfällt, damit du viele bunte Strahlen in deinem Zimmer hast.

All of the people I've ghosted

Nicht nur als Halloween-Deko eignen sich diese kleinen Geister, auch zu allen anderen Jahreszeiten sind sie eine kleine Hommage an Taylor Swift, mit der du dein Zimmer dekorieren kannst.

SO GEHT'S

1 Als Grundgerüst für die Geister dienen Pappbecher und Wattekugeln.

2 Stelle die Pappbecher mit der Öffnung nach unten auf Backpapier und lege jeweils eine Wattekugel oben auf die Becherböden.

3 Pro Geist benötigst du zwei einzelne Blätter Küchenkrepp, die du auf einem saugfähigen Untergrund (z. B. alten Zeitungen) großzügig mit Wäschesteife einpinselst. Das Küchenkrepp sollte komplett durchnässt sein. Lege die beiden Blätter nacheinander so über die Unterkonstruktion, dass der Pappbecher und die Wattekugel von allen Seiten bedeckt sind. Streiche das noch nasse Küchenkrepp am Kopf etwas glatt und an den übrigen Stellen so, dass es wie ein Geist aussieht. Lasse dann das Krepp gut trocknen. An einem warmen Ort (Heizung oder Sonne) geht das am schnellsten. Pinsel nun gut auswaschen.

4 Ist alles getrocknet, sollte das Küchenkrepp steif und nicht mehr formbar sein.

5 Wenn du keinen Mini-Hut in der passenden Farbe findest, lässt sich jede andere Hutfarbe mit etwas brauner Acrylfarbe überpinseln. Wenn die Farbe vollständig getrocknet ist, kannst du den Hut aufkleben.

6 Wenn du für den Blätterkranz keine passende Papierstanze hast, kannst du aus grünem Papier kleine Blätter ausschneiden und sie kranzförmig um den Kopf eines Geistes kleben. Gehe mit dem Klebstoff sparsam um, denn am lebendigsten sieht der Kranz aus, wenn nur einzelne Stellen kleben und die Blätterspitzen etwas abstehen.

7 Für die Katzenohren beginnst du am besten mit dem mittleren Teil des Kopfschmucks. Biege den Draht über den Kopf des Geistes. Der gebogene Mittelteil sollte ca. 2 cm lang sein, rechts und links davon formst du die beiden Ohren. Bei jedem Richtungswechsel biegst du den Draht über die Rundzange (Bei dünnem Draht kannst Du diesen auch über einem Fingernagel biegen). Wenn du mit der Form zufrieden bist, schneide die überstehenden Drahtenden mit einem Seitenschneider ab. Tupfe in die Mitte und an die beiden Enden des Drahts kleine Leimtropfen und klebe den Haarschmuck auf einen der Geister. Den Leim trocknen lassen.

8 Übertrage die Schablonen der Sonnenbrillen auf die entsprechend farbigen Fotokartons und schneide sie mit einer kleinen Papier- oder einer Nagelschere aus. Die Vorlagen findest du in der DigiBib. Für die Sonnenbrille für den Geist mit Katzenohren schneidest du aus schwarzem und gelben Karton jeweils zwei Kreise mit den Durchmessern 0,9 cm und 1,3 cm aus und klebst die schwarzen mittig auf die gelben Kreise. Mit einem 2 mm breiten, gelben Papierstreifen kannst du nun die beiden Brillenteile miteinander verbinden.

9 Klebe danach die Brillen unter den entsprechend passenden Kopfschmuck auf die „Gesichter" der Geister.

DAS BRAUCHST DU

- 3 weiße Trinkbecher (0,2 l)
- 3 Wattekugeln (3,5 cm Durchmesser)
- Backpapier
- Küchenkrepp ohne Dekor
- Alte Zeitungen
- Wäschesteife (von Hoffmanns)
- Breiter Borstenpinsel
- Mini-Hut (5,5 cm Durchmesser)

- Bastelkleber
- Papierstanze in Blattform
- Schere (Nagelschere)
- Fotokartonreste in Schwarz, Rot, Grün und Gelb
- Basteldraht in Gold oder Silber (ca. 10 cm)
- Rundzange
- Seiten- oder Drahtschneider
- Schablonen der Sonnenbrillen

Zug um Zug
(TAYLOR'S VERSION)

In diesem Spiel geht es darum, Lyrics aus Taylor Swifts Diskografie zu erraten.
Die Anfangsbuchstaben sind bereits markiert, kannst du die fehlenden Linien finden?

Lyrics aus *Cruel Summer*

Lyrics aus *Karma*

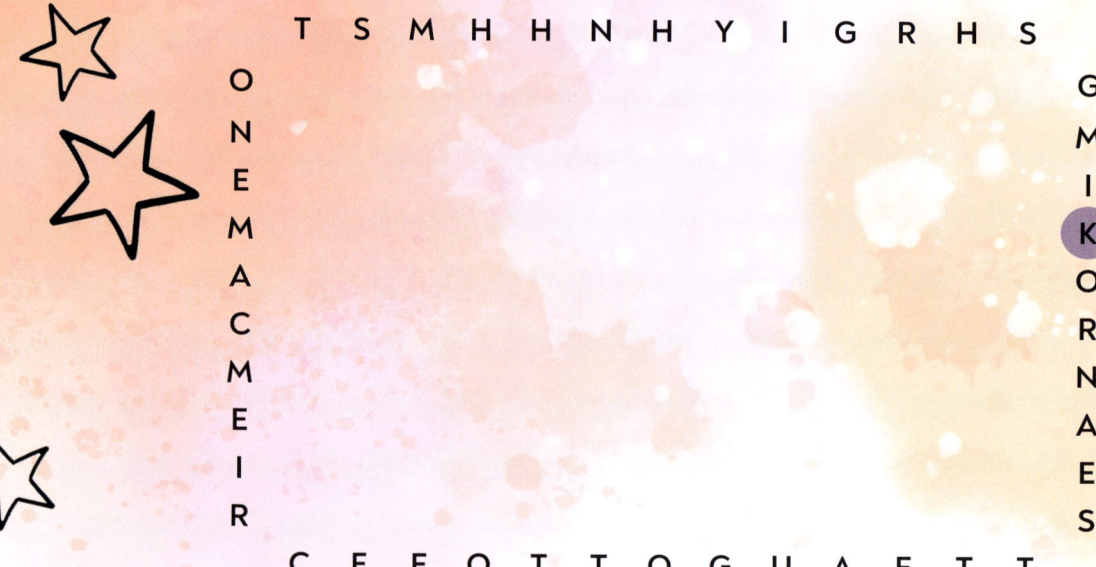

Lyrics aus *Miss Americana & the Heartbreak Prince*

```
          E A I S P U I I U G S M I
S                                   W
U                                   Y
O                                   O
Y                                   U
P                                   S
          L Z Y R T D P P D T A N E
```

Lyrics aus *New* Romantics *(Taylor's Version)*

```
          A I M B I H O L L A B O I
W                                   L
D                                   E
R                                   A
C                                   H
T                                   A
S                                   Y
E                                   T
L                                   H
T                                   E
O                                   S
K                                   U
          C T R E E C T U L D F U T
```

I'd marry you with paper rings!

Manchmal zählen die kleinen Dinge, wie Taylor Swift in dem Lied *Paper Rings* erzählt. Die Protagonistin schildert darin, dass sie auch mit Papierringen heiraten würde.

DAS BRAUCHST DU

- ▶ Rosafarbenes Papier (10 x 10 cm)
- ▶ Schere
- ▶ Klebeband oder Washi-Tape

2 Halbiere die untere Hälfte, indem du die untere Kante zur Mitte hin faltest. Klappe die Hälfte wieder auf und falte die untere Kante zu der untersten neu entstandenen Linie. Diesen unteren Streifen schlägst du zweimal zur Mitte hin um. Öffne das Blatt – auf der unteren Hälfte sind nun vier gleich breite Abschnitte entstanden. Wiederhole diesen Schritt mit der oberen Hälfte, sodass es dann vier Abschnitte pro Hälfte gibt. Falte alles wieder auf.

SO GEHT'S

1 Falte das Blatt Papier einmal in der Mitte von beiden Seiten, sodass ein Faltkreuz entsteht. Öffne das Blatt.

3 Falte den untersten Streifen wieder um und drehe das Blatt um.

4 Schlage zuerst die untere rechte und dann die untere linke Ecke so bis zur Mittellinie ein, dass zwei Dreiecke entstehen. Auf der oberen Blatthälfte sind noch drei Streifen zu sehen. Drehe das Papier wieder um.

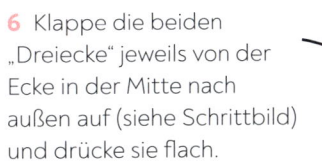

6 Klappe die beiden „Dreiecke" jeweils von der Ecke in der Mitte nach außen auf (siehe Schrittbild) und drücke sie flach.

5 Drehe das Blatt um 180 Grad. Falte die Spitze zum Blatt Papier, d. h. zur zweiten Linie, sodass sie auf dem Papier aufliegt. Drehe das Papier erneut um.

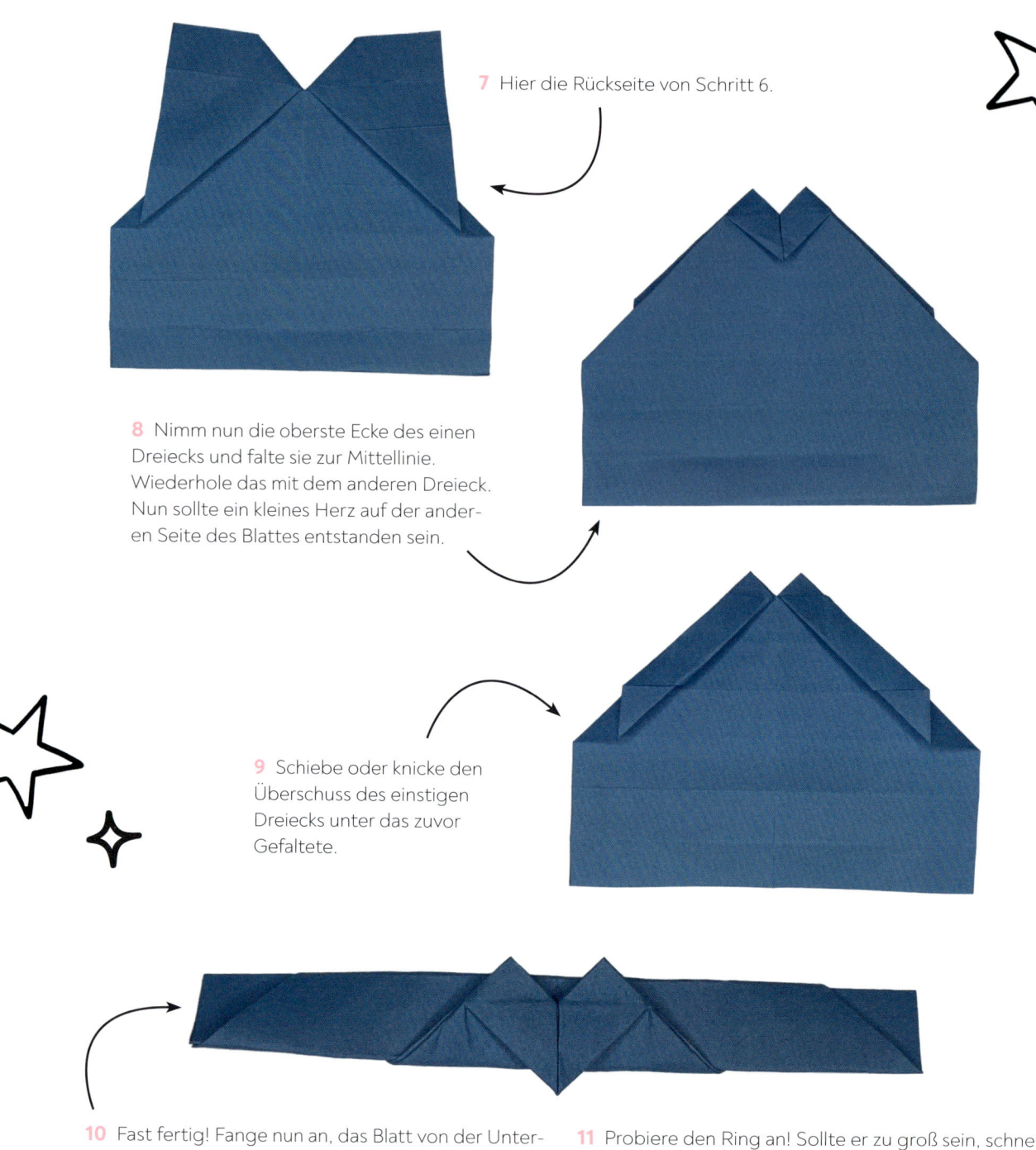

7 Hier die Rückseite von Schritt 6.

8 Nimm nun die oberste Ecke des einen Dreiecks und falte sie zur Mittellinie. Wiederhole das mit dem anderen Dreieck. Nun sollte ein kleines Herz auf der anderen Seite des Blattes entstanden sein.

9 Schiebe oder knicke den Überschuss des einstigen Dreiecks unter das zuvor Gefaltete.

10 Fast fertig! Fange nun an, das Blatt von der Unterkante an „aufzurollen". Beachte dabei: Je dicker der Streifen ist, desto dicker ist das Band des Ringes.

11 Probiere den Ring an! Sollte er zu groß sein, schneide auf beiden Seiten des Ringbandes gleich viel weg, bis er passt.

12 Stecke die Enden ineinander und fixiere sie mit Klebeband oder buntem Washi-Tape.

And when I felt like I was an old cardigan

Gemütlich macht es sich Taylor Swift in ihrem ganz eigenen Cardigan zuhause auf dem Sofa, wenn sie gerade mal nicht auf der Bühne steht. Ihrem Lieblingskleidungsstück hat sie sogar einen ganzen Song gewidmet.

Der Cardigan wird von oben nach unten im Zopf- und Strukturmuster gestrickt. Du beginnst mit der Rückseite und formst durch seitliche Zunahmen die Schulterschrägen. Anschließend werden direkt aus den Schultern die Maschen für die Vorderteile aufgenommen und der V-Ausschnitt wird durch Zunahmen geformt. Nach Erreichen der Armausschnitthöhe platzierst du alle Maschen auf einer Nadel und arbeitest den Körper gerade herunter. Die Ärmel strickst du direkt in Runden aus den Armausschnittlöchern heraus. Alle Bündchen strickst du im 1/1 Rippmuster und kettest sie italienisch ab. Die Knopflochblende wird am Ende angestrickt und mit 3 Knopflöchern versehen.

GRÖSSENGUIDE

Der Cardigan sollte im Oversize-Look mit einer Mehrweite von 15-20 cm im Verhältnis zu dem Brustumfang getragen werden.
Größe 1 (2) 3 (4) 5 (6)
Brustumfang 110 (120) 130 (140) 150 (160) cm
Gesamtlänge inkl. Kragen 70 cm
Ärmellänge 45 cm
Die Angaben für die verschiedenen Größen sind durch Klammern getrennt. Steht nur eine Angabe, gilt diese für alle Größen.

DAS BRAUCHST DU

► LANGYARNS Lambswool (LL 150 m/ 50 g) in Weiß (Fb 01) 500 (550) 600 (650) 700 (750) g, in Grau (Fb 05) 50 g
► Rundstricknadeln 4,5 mm, 60, 80 und 100 cm lang
► Rundstricknadeln 3,75 mm, 40 cm und 100 cm lang
► Ggf. ein Nadelspiel 3,75 mm
► Hilfsnadel
► Separate Seile oder Ersatzfäden zum Stilllegen von Maschen
► Maschenmarkierer
► 3 Knöpfe von Jim Knopf, Artikel 12464, ø 20 mm
► 6 Sterne zum Aufbügeln, ø von Spitze zu Spitze ca. 4 cm
► Wollnadel ohne Spitze
► Schere

Hinweis

Die Strickschriften für die Muster und das Abkürzungsverzeichnis findest du auf Seite 90–91 und zusätzlich zum Download in der DigiBib.

ABKÜRZUNGEN

abk – abketten
anschl – anschlagen
arb – arbeiten
Hilsnd – Hilfsnadel(n)
Hinr – Hinreihe(n)
li – links
LL – Lauflänge
M – Masche
MM – Maschenmarkierer
Nd – Nadel(n)
R – Reihe(n)
Rd – Runde(n)
Rdm – Randmasche(n)
re – rechts
Rückr – Rückreihe(n)
Rundstricknd – Rundstricknadel(n)
str – stricken
wdh – wiederholen
Zun – Zunahme

Z1/1R – 1 Masche auf der Hilfsnadel hinter die Arbeit legen, 1 Masche rechts, die Masche der Hilfsnadel rechts stricken

Z1/1L – 1 Masche auf der Hilfsnadel vor die Arbeit legen, 1 Masche rechts, die Masche der Hilfsnadel rechts stricken

Z2/2R – 2 Maschen auf der Hilfsnadel hinter die Arbeit legen, 2 Maschen rechts, die 2 Maschen der Hilfsnadel rechts stricken

Z2/2L – 2 Maschen auf der Hilfsnadel vor die Arbeit legen, 2 Maschen rechts, die 2 Maschen der Hilfsnadel rechts stricken

Z3/3R – 3 Maschen auf der Hilfsnadel hinter die Arbeit legen, 3 Maschen rechts, die 3 Maschen der Hilfsnadel rechts stricken

Z3/3L – 3 Maschen auf der Hilfsnadel vor die Arbeit legen, 3 Maschen rechts, die 3 Maschen der Hilfsnadel rechts stricken

Z3/1R – 1 Masche auf der Hilfsnadel hinter die Arbeit legen, 3 Maschen rechts, die Masche der Hilfsnadel rechts stricken

Z3/1R-li – 1 Masche auf der Hilfsnadel hinter die Arbeit legen, 3 Maschen rechts, die Masche der Hilfsnadel links stricken

Z3/1L-li – 3 Maschen auf der Hilfsnadel vor die Arbeit legen, 1 Masche links, die 3 Maschen der Hilfsnadel rechts stricken

MUSTER

RANDMASCHE
Die Rdm werden in den Hinr als 1 M re, in den Rückr als 1 M li gestrickt.

REISMUSTER
1.+2. R/Rd: Rdm, 1 M re, 1 M li im Wechsel str, Rdm
3.+4. R/Rd: Rdm, 1 M li, 1 M re im Wechsel str, Rdm.

ZOPFMUSTER
Die Zöpfe werden über 2, 4 und 6 M gearbeitet und neigen sich nach re (R) oder nach li (L)

Zopfmuster 1: Über 2 M. In jeder 4. R 1x Z1/1R (= 1 M auf der Hilfsnd hinter die Arbeit legen, 1 M re, die M der Hilfsnd re str) arb.
Zopfmuster 2: Über 2 M. In jeder 4. R 1x Z1/1L (= 1 M auf der Hilfsnd vor die Arbeit legen, 1 M re, die M der Hilfsnd re str) arb.

Zopfmuster 3: Über 4 M. In jeder 6. R 1x Z2/2R (= 2 M auf der Hilfsnd hinter die Arbeit legen, 2 M re, die 2 M der Hilfsnd re str) arb.
Zopfmuster 4: Über 4 M. In jeder 6. R 1x Z2/2L (= 2 M auf der Hilfsnd vor die Arbeit legen, 2 M re, die 2 M der Hilfsnd re str) arb.

Zopfmuster 5: Über 6 M. In jeder 8. R 1x Z3/3R (= 3 M auf der Hilfsnd hinter die Arbeit legen, 3 M re, die 3 M der Hilfsnd re str) arb.
Zopfmuster 6: Über 6 M. In jeder 8. R 1x Z3/3L (= 3 M auf der Hilfsnd vor die Arbeit legen, 3 M re, die 3 M der Hilfsnd re str) arb.

RAUTE
Die Raute über 32 M nach der Strickschrift str (zu finden auf Seite xx). Es sind nur die Hinr gezeichnet, in den Rückr alle M str, wie sie erscheinen. Die 1.-58. R 1x arb, dann die 21.-58. R stets wdh.

ZUNAHMEN
Die Zunahmen werden aus den Querfäden so gestrickt, dass sie sich nach re oder nach li neigen:

Zun-re (rechtsgeneigte rechte Zunahme):
Den Querfaden von hinten nach vorne auf die li Nd heben und re str.

Zun-li (linksgeneigte rechte Zunahme):
Den Querfaden von vorne nach hinten auf die li Nd heben und re verschränkt str.

Zun-re-li (rechtsgeneigte linke Zunahme):
Den Querfaden von hinten nach vorne auf die li Nd heben und li str.

Zun-li-li (linksgeneigte linke Zunahme):
Den Querfaden von vorne nach hinten auf die li Nd heben und li verschränkt str.

MASCHENPROBE

Im Reismuster mit Nd 4,5 mm 20 M und 28 R = 10 cm x 10 cm (nach dem Spannen)

SO GEHT'S

Mit der Rundstricknd 4,5 mm in Weiß 42 M anschl. Eine Rückr in der folgenden M-Einteilung str:
(Zur Orientierung sind die Zöpfe und die Raute in Klammern gesetzt)

Zur Formung der Schultern werden am Ende jeder R 2 M neu angeschlagen.

Rückr: 1 M li (Rdm), 2 M re, 2 M li, (4 M re, 3 M li, *1 M re, 1 M li*, von *-* 9x str, 3 M li, 4 M re), 2 M li, 2 M re, 1 M li, 2 M neu anschl = 44 M.

1. R: Rdm, 2 M re, 2 M li, (Z1/1L), (die 1. R der Strickschrift Raute str), (Z1/1R), 2 M li, 1 M re, 2 M neu anschl = 46 M.

2. R: Rdm, 2 M li, die restlichen M str, wie sie erscheinen, 2 M neu anschl = 48 M.

3. R: Rdm, 4 M re, 2 M li, (2 M re), (die 3. R der Strickschrift Raute str), (2 M re), 2 M li, 3 M re, 2 M neu anschl = 50 M.

4. R: Rdm, 4 M li, die restlichen. M str, wie sie erscheinen, 2 M neu anschl = 52 M.

5. R: Rdm, (6 M re), 2 M li, (Z1/1L), (die 5. R der Strickschrift Raute str), (Z1/1R), 2 M li, 5 M re, 2 M neu anschl = 54 M.

6. R: Rdm, 6 M li, die restlichen M str, wie sie erscheinen, 2 M neu anschl = 56 M.

7. R: Rdm, 2 M li, (6 M re), 2 M li, (2 M re), (die 7. R der Strickschrift Raute str), (2 M re), 2 M li, (6 M re), 1 M li, 2 M neu anschl = 58 M.

8. R: Rdm, 2 M re, die restlichen M str, wie sie erscheinen, 2 M neu anschl = 60 M.

9. R: Rdm, 2 M re, 2 M li, (Z3/3L), 2 M li, (Z1/1L), (die 9. R der Strickschrift Raute str), (Z1/1R), 2 M li, (Z3/3R), 2 M li, 1 M re, 2 M neu anschl = 62 M.

10. R: Rdm, 2 M li, die restlichen M str, wie sie erscheinen, 2 M neu anschl = 64 M.

11. R: Rdm, 2 M li, (2 M re), 2 M li, (6 M re), 2 M li, (2 M re), (die 11. R der Strickschrift Raute str), (2 M re), 2 M li, (6 M re), 2 M li, (2 M re), 1 M li, 2 M neu anschl = 66 M.

12. R: Rdm, 2 M re, die restlichen M str, wie sie erscheinen, 2 M neu anschl = 68 M.

13. R: Rdm, 2 M re, 2 M li, (Z1/1L), 2 M li, (6 M re), 2 M li, (Z1/1L), (die 13. R der Strickschrift Raute str), (Z1/1R), 2 M li, (6 M re), 2 M li, (Z1/1R), 2 M li, 1 M re, 2 M neu anschl = 70 M.

14. R: Rdm, 2 M li, die restlichen M str, wie sie erscheinen, 2 M neu anschl = 72 M.

15. R: Rdm, (4 M re), 2 M li, (2 M re), 2 M li, (6 M re), 2 M li, (2 M re), (die 15. R der Strickschrift Raute str), (2 M re), 2 M li, (6 M re), 2 M li, (2 M re), 2 M li, (2 M re), 1 M re, 2 M neu anschl = 74 M.

16. R: Rdm, 4 M li, die restlichen M str, wie sie erscheinen, 2 M neu anschl = 76 M.

17. R: Rdm, 2 M li, (4 M re), 2 M li, (Z1/1L), 2 M li, (Z3/3L), 2 M li, (Z1/1L), (die 17. R der Strickschrift Raute str), (Z1/1R), 2 M li, (Z3/3R), 2 M li, (Z1/1R), 2 M li, (4 M re), 1 M li, 2 M neu anschl = 78 M.

18. R: Rdm, 2 M re, die restlichen M str, wie sie erscheinen, 2 M neu anschl = 80 M.

19. R: Rdm, 1 M li, 1 M re, 2 M li, (4 M re), 2 M li, (2 M re), 2 M li, (6 M re), 2 M li, (2 M re), (die 19. R der Strickschrift Raute str), (2 M re), 2 M li, (6 M re), 2 M li, (2 M re), 2 M li, (4 M re), 2 M li, 1 M re, 2 M neu anschl = 82 M.

20. R: Rdm, 1 M re, 1 M li, die restlichen M str, wie sie erscheinen, 2 M neu anschl = 84 M.

21. R: Rdm, *1 M re, 1 M li*, von *-* 2x str, 2 M li, (Z2/2L), 2 M li, (Z1/1L), 2 M li, (6 M re), 2 M li, (Z1/1L), (die 21. R der Strickschrift Raute str), (Z1/1R), 2 M li, (6 M re), 2 M li, (Z1/1R), 2 M li, (Z2/2R), 2 M li, 1 M li, 1 M re, 1 M li, 2 M neu anschl = 86 M.

22. R: Rdm, 1 M li, 1 M re, die restlichen M str, wie sie erscheinen, 2 M neu anschl = 88 M.

23. R: Rdm, *1 M re, 1 M li*, von *-* 3x str, 2 M li, (4 M re), 2 M li, (2 M re) 2 M li, (6 M re), 2 M li, (2 M re), (die 23. R der Strickschrift Raute str), (2 M re), 2 M li, (6 M re), 2 M li, (2 M re), 2 M li, (4 M re), 2 M li, *1 M re, 1 M li*, von *-* 2x str, 1 M re, 2 M neu anschl = 90 M.

24. R: Rdm, 1 M re, 1 M li, die restlichen M str, wie sie erscheinen, 2 M neu anschl = 92 M.

25. R: Rdm, *1 M re, 1 M li*, von *-* 4x str, 2 M li, (4 M re), 2 M li, (Z1/1L), 2 M li, (Z3/3L), 2 M li, (Z1/1L), (die 25. R der Strickschrift Raute str), (Z1/1R), 2 M li, (Z3/3R), 2 M li, (Z1/1R), 2 M li, (4 M re), 2 M li, *1 M li, 1 M re*, von *-* 3x str, 1 M li, 2 M neu anschl = 94 M.

26. R: Rdm, 1 M li, 1 M re, die restlichen M str, wie sie erscheinen, 2 M neu anschl = 96 M.

27. R: Rdm, 2 M li, *1 M li, 1 M re*, von *-* 4x str, 2 M li, (Z2/2L), 2 M li, (2 M re), 2 M li, (6 M re), 2 M li, (2 M re), (die 27. R der Strickschrift Raute str), (2 M re), 2 M li, (6 M re), 2 M li, (2 M re), 2 M li, (Z2/2R), 2 M li, *1 M re, 1 M li*, von *-* 4x str, 1 M li, 2 M neu anschl = 98 M.

28. R: Rdm, 2 M re, die restlichen M str, wie sie erscheinen, 2 M neu anschl = 100 M.

29. R: Rdm, 2 M re, 2 M li, *1 M re, 1 M li*, von *-* 4x str, 2 M li, (4 M re), 2 M li, (Z1/1L), 2 M li, (6 M re), 2 M li, (Z1/1L), (die 29. R der Strickschrift Raute str), (Z1/1R), 2 M li, (6 M re), 2 M li, (Z1/1R), 2 M li, (4 M re), 2 M li, *1 M li, 1 M re*, von *-* 4x str, 2 M li, 1 M re, 2 M neu anschl = 102 M.

30. R: Rdm, 2 M li, die restlichen M str, wie sie erscheinen, 2 M neu anschl = 104 M.

31. R: Rdm, (4 M re), 2 M li, *1 M li, 1 M re*, von *-* 4x str, 2 M li, (4 M re), 2 M li, (2 M re), 2 M li, (6 M re), 2 M li, (2 M re), (die 31. R der Strickschrift Raute str), (2 M re), 2 M li, (6 M re), 2 M li, (2 M re), 2 M li, (4 M re), 2 M li, *1 M re, 1 M li*, von *-* 4x str, 2 M li, 3 M re, 2 M neu anschl = 106 M.

32. R: Rdm, 2 M li, die restlichen M str, wie sie erscheinen, 2 M neu anschl = 108 M.

33. R: Rdm, 2 M li, (Z2/2L), 2 M li, *1 M re, 1 M li*, von *-* 4x str [= 8 M Reismuster], 2 M li, (Z2/2L), 2 M li, (Z1/1L), 2 M li, (Z3/3L), 2 M li, (Z1/1L), (die 33. R der Strickschrift Raute str), (Z1/1R), 2 M li, (Z3/3R), 2 M li, (Z1/1R), 2 M li, (Z2/2R), 2 M li, *1 M li, 1 M re*, von *-* 4x str [= 8 M Reismuster], 2 M li, (Z2/2R), 1 M li, 2 M neu anschl = 110 M.

34. R: Rdm, 2 M re, die restlichen M str, wie sie erscheinen, 2 M neu anschl = 112 M.

35. R: Rdm, 1 M li, 1 M re, 2 M li, (4 M re), 2 M li, 8 M Reismuster, 2 M li, (4 M re), 2 M li, (2 M re), 2 M li, (6 M re), 2 M li, (2 M re), (die 35. R der Strickschrift Raute str), (2 M re), 2 M li, (6 M re), 2 M li, (2 M re), 2 M li, (4 M re), 2 M li, 8 M Reismuster, 2 M li, (4 M re), 2 M li, 1 M re, 2 M neu anschl = 114 M.

36. R: Rdm, 1 M re, 1 M li, die restlichen M str, wie sie erscheinen, 2 M neu anschl = 116 M.

37. R: Rdm, 4 M Reismuster, 2 M li, (4 M re), 2 M li, 8 M Reismuster, 2 M li, (4 M re), 2 M li, (Z1/1L), 2 M li, (6 M re), 2 M li, (Z1/1L), (die 37. R der Strickschrift Raute str), (Z1/1R), 2 M li, (6 M re), 2 M li, (Z1/1R), 2 M li, (4 M re), 2 M li, 8 M Reismuster, 2 M li, (4 M re), 2 M li, 3 M Reismuster [= 1 M li, 1 M re, 1 M li], 2 M neu anschl = 118 M.

Für **Größe 1** sind hier die Schulterzunahmen beendet.

Für **Größe (2) 3 (4) 5 (6)** in dieser Mustereinteilung weiterstr und die Zunahmen bis einschließlich der (43. R) 47. R (51. R) 55. R (59. R) arb; die zugenommenen M ins Reismuster einfügen = (10) 14 (18) 22 (26) M Reismuster pro Seite.

Die M der jeweils darauffolgenden Rückr str, wie sie erscheinen = 118 (130) 138 (146) 154 (162) M.

Weitere 36 (38) 40 (42) 44 (46) R in der Mustereinteilung str. Anschließend alle M stilllegen.

Anstricken des rechten Vorderteils:

Aus der rechten Schulternaht des Rückenteils 40 (46) 50 (54) 58 (62) M aufnehmen, dabei zwischen die M stechen, um ein sauberes Maschenbild zu erhalten. Eine Rückr str und die M wie folgt einteilen:

Rückr: Rdm, (6 M li), 2 M re, (2 M li), 2 M re, (4 M li), 2 M re, *1 M li, 1 M re*, von *-* 4x str, 2 M re, (4 M li), 2 M re, *1 M re, 1 M li*, von *-* 2 (5) 7 (9) 11 (13)x str, Rdm.

1. R: Rdm, *1 M li, 1 M re*, von *-* 2 (5) 7 (9) 11 (13)x str, 2 M li, (4 M re), 2 M li, *1 M re, 1 M li*, von *-* 4x str, 2 M li, (4 M re), 2 M li, (Z1/1R), 2 M li, (6 M re), Rdm.

Die M der **2. R** sowie **aller weiteren Rückr** str, wie sie erscheinen.

3. R: Rdm, 4 (10) 14 (18) 22 (26) M Reismuster, 2 M li, (Z2/2R), 2 M li, 8 M Reismuster, 2 M li, (Z2/2R), 2 M li, (2 M re), 2 M li, (6 M re), Rdm.

5. R: Rdm, 4 (10) 14 (18) 22 (26) M Reismuster, 2 M li, (4 M re), 2 M li, 8 M Reismuster, 2 M li, (4 M re), 2 M li, (Z1/1R), 2 M li, (6 M re), Rdm.

7. R: Rdm, 4 (10) 14 (18) 22 (26) M Reismuster, 2 M li, (4 M re), 2 M li, 8 M Reismuster, 2 M li, (4 M re), 2 M li, 1 Zun-li-li, (2 M re), 2 M li, (6 M re), Rdm = 41 (47) 51 (55) 59 (63) M.

9. R: Rdm, 4 (10) 14 (18) 22 (26) M Reismuster, 2 M li, (Z2/2R), 2 M li, 8 M Reismuster, 2 M li, (Z2/2R), 3 M li, (Z1/1R), 2 M li, (Z3/3R), Rdm.

11. R: Mustergemäß str.

13. R: Rdm, 4 (10) 14 (18) 22 (26) M Reismuster, 2 M li, (4 M re), 2 M li, 8 M Reismuster, 2 M li, (4 M re), 3 M li, 1 Zun-li-li, (Z1/1R), 2 M li, (6 M re), Rdm = 42 (48) 52 (56) 60 (64) M.

14.–18. R: Mustergemäß str, dabei hier und im Folgenden die Wiederholungen der Zöpfe gemäß der Zopfmuster fortführen.

19. R: Rdm, 4 (10) 14 (18) 22 (26) M Reismuster, 2 M li, (4 M re), 2 M li, 8 M Reismuster, 2 M li, (4 M re), 2 M li, 1 Zun-li, 2 M li, (2 M re), 2 M li, (6 M re), Rdm = 43 (49) 53 (57) 61 (65) M.

20.–24. R: Mustergemäß str.

25. R: Rdm, 4 (10) 14 (18) 22 (26) M Reismuster, 2 M li, (4 M re), 2 M li, 8 M Reismuster, 2 M li, (4 M re), 2 M li, 1 M li, 1 Zun-li, 2 M li, (Z1/1R), 2 M li, (Z3/3R), Rdm = 44 (50) 54 (58) 62 (66) M.

27. R: Rdm, 4 (10) 14 (18) 22 (26) M Reismuster, 2 M li, (Z2/2R), 2 M li, 8 M Reismuster, 2 M li, (Z2/2R), 2 M li, 1 M re, 1 M li, 2 M li, (2 M re), 2 M li, (6 M re), Rdm.

29. R: Rdm, 4 (10) 14 (18) 22 (26) M Reismuster, 2 M li, (4 M re), 2 M li, 8 M Reismuster, 2 M li, (4 M re), 2 M li, 1 M li, 1 M re, 2 M li, (Z1/1R), 2 M li, (6 M re), Rdm.

31. R: Rdm, 4 (10) 14 (18) 22 (26) M Reismuster, 2 M li, (4 M re), 2 M li, 8 M Reismuster, 2 M li, (4 M re), 2 M li, 1 M re, 1 M li, 1 Zun-li, 2 M li, (2 M re), 2 M li, (6 M re), Rdm = 45 (51) 55 (59) 63 (67) M.

32.–36. R: Mustergemäß str.

37. R: Rdm, 4 (10) 14 (18) 22 (26) M Reismuster, 2 M li, (4 M re), 2 M li, 8 M Reismuster, 2 M li, (4 M re), 2 M li, 1 M li, 1 M re, 1 M li, 1 Zun-li, 2 M li, (Z1/1R), 2 M li, (6 M re), Rdm = 46 (52) 56 (60) 64 (68) M.

38.–40. R: Mustergemäß str.

41. R: Rdm, 4 (10) 14 (18) 22 (26) M Reismuster, 2 M li, (4 M re), 2 M li, 8 M Reismuster, 2 M li, (4 M re), 2 M li, *1 M li, 1 M re*, von *-* 2x str, 1 Zun-li-li, 2 M li, (Z1/1R), 2 M li, (Z3/3R), Rdm = 47 (53) 57 (61) 65 (69) M.

42.–48. R: Mustergemäß str.

49. R: Rdm, 4 (10) 14 (18) 22 (26) M Reismuster, 2 M li, (4 M re), 2 M li, 8 M Reismuster, 2 M li, (4 M re), 2 M li, *1 M li, 1 M re*, von *-* 2x str, 1 Zun-li, 2 M li, (Z1/1R), 2 M li, (Z3/3R), Rdm = 48 (54) 58 (62) 66 (70) M.

50.–52. R: Mustergemäß str.

53. R: Rdm, 4 (10) 14 (18) 22 (26) M Reismuster, 2 M li, (4 M re), 2 M li, 8 M Reismuster, 2 M li, (4 M re), 2 M li, *1 M li, 1 M re*, von *-* 3x str, 1 Zun-li-li, 2 M li, (Z1/1R), 2 M li, (6 M re), Rdm = 49 (55) 59 (63) 67 (71) M.

54.–56. R: Mustergemäß str.

57. R: Rdm, 4 (10) 14 (18) 22 (26) M Reismuster, 2 M li, (Z2/2R), 2 M li, 8 M Reismuster, 2 M li, (Z2/2R), 2 M li, *1 M li, 1 M re*, von *-* 3x str, 1 Zun-li, 2 M li, (Z1/1R), 2 M li, (Z3/3R), Rdm = 50 (56) 60 (64) 68 (72) M.

58.–60. R: Mustergemäß str.

61. R: Rdm, 4 (10) 14 (18) 22 (26) M Reismuster, 2 M li, (4 M re), 2 M li, 8 M Reismuster, 2 M li, (4 M re), 2 M li, *1 M li, 1 M re*, von *-* 4x str, 1 Zun-li-li, 2 M li, (Z1/1R), 2 M li, (6 M re), Rdm = 51 (57) 61 (65) 69 (73) M.

62.–64. R: Mustergemäß str.

65. R: Rdm, 4 (10) 14 (18) 22 (26) M Reismuster, 2 M li, (4 M re), 2 M li, 8 M Reismuster, 2 M li, (4 M re), 2 M li, *1 M li, 1 M re*, von *-* 4x str, 1 M li, 1 Zun-li, 2 M li, (Z1/1R), 2 M li, (Z3/3R), Rdm = 52 (58) 62 (66) 70 (74) M.

66.–68. R: Mustergemäß str.

69. R: Rdm, 4 (10) 14 (18) 22 (26) M Reismuster, 2 M li, (Z2/2R), 2 M li, 8 M Reismuster, 2 M li, (Z2/2R), 2 M li, 10 M Reismuster, 2 M li, 1 Zun-li, (Z1/1R), 2 M li, (6 M re), Rdm = 53 (59) 63 (67) 71 (75) M.

70.–72. R: Mustergemäß str.

73. R: Rdm, 4 (10) 14 (18) 22 (26) M Reismuster, 2 M li, (4 M re), 2 M li, 8 M Reismuster, 2 M li, (4 M re), 2 M li, 10 M Reismuster, 2 M li, 1 M re, 1 Zun-li, (Z1/1R), 2 M li, (Z3/3R), Rdm = 54 (60) 64 (68) 72 (76) M.

74.–76. R: Mustergemäß str.

77. R: Rdm, 4 (10) 14 (18) 22 (26) M Reismuster, 2 M li, (4 M re), 2 M li, 8 M Reismuster, 2 M li, (4 M re), 2 M li, 10 M Reismuster, 2 M li, 2 M re, 1 Zun-li, (Z1/1R), 2 M li, (6 M re), Rdm = 55 (61) 65 (69) 73 (77) M.

Für **Größe 1:** Die nächste Rückr mustergemäß str, anschließend die M stilllegen.

78.–82. R: Mustergemäß str.

Für **Größe 2:** Die M stilllegen.

Für **alle weiteren Größen:**
83.+84. R: Mustergemäß str.

85. R: Rdm, 4 (10) 14 (18) 22 (26) M Reismuster, 2 M li, (4 M re), 2 M li, 8 M Reismuster, 2 M li, (4 M re), 2 M li, 10 M Reismuster, 2 M li, 3 M re, 1 Zun-li, (Z1/1R), 2 M li, (6 M re), Rdm = 56 (62) 66 (70) 74 (78) M.

87. R: Rdm, 4 (10) 14 (18) 22 (26) M Reismuster, 2 M li, (Z2/2R), 2 M li, 8 M Reismuster, 2 M li, (Z2/2R), 2 M li, 10 M Reismuster, 2 M li, (Z2/2R), 1 Zun-li-li, (2 M re), 2 M li, (6 M re), Rdm = 57 (63) 67 (71) 75 (79) M.

88. R: Mustergemäß str.

Für **Größe 3:** Die M stilllegen.

Für **alle weiteren Größen:**
89. R: Rdm, 4 (10) 14 (18) 22 (26) M Reismuster, 2 M li, (4 M re), 2 M li, 8 M Reismuster, 2 M li, (4 M re), 2 M li, 10 M Reismuster, 2 M li, (4 M re), 1 Zun-li-li, 1 M li, (Z1/1R), 2 M li, (Z3/3R), Rdm = 58 (64) 68 (72) 76 (80) M.

90.–94. R: Mustergemäß str.

Für **Größe 4:** Die M stilllegen.

Für **alle weiteren Größen:**
95.+96. R: Mustergemäß str.

Für **Größe 5:** Die M stilllegen.

Für **Größe 6:**
97.+98. R: Mustergemäß str.

Für **Größe 6:** Die M stilllegen.

Anstricken des linken Vorderteils:
Das linke Vorderteil wird gegengleich zum rechten Vorderteil gestrickt. Hierzu einfach die Reihenangaben des rechten Vorderteils von hinten lesen und alle Zopfangaben nach li kreuzen.

Die Zunahmen für die V-Ausschnittschräge re geneigt str: siehe hierzu die Erklärung Zun-re oder Zun-re-li.

Zusammenfügen der Vorderteile und des Rückenteils
Bitte hierbei beachten, dass muster- und zunahmebedingt bei einzelnen Größen die Verkreuzungen der Zöpfe in den Vorderteilen und dem Rückenteil variieren können. Die Zöpfe immer in den bei den Zopfmustern genannten Abständen arb.

Alle M des Rückenteils und des rechten Vorderteils wieder auf die Nadel legen und alle Teile mustergemäß str. Sollte bei dem Übergang von Vorderteil zu Rückenteil das Reismuster nicht sinngemäß passen, kann dies durch das Zusammenstricken von 2 M re bzw. li ausgeglichen werden.

Für **Größe 1, 2** und **3** bitte in der **85., 87.** und **89. R** die Zunahmen für den V-Ausschnitt noch arb, die Angaben bitte oben bei den R der weiteren Größen entnehmen.

Anschließend das Körperteil gerade mustergemäß bis zu einer Höhe von ca. 60 cm weiterstr (gemessen im Rückenteil ab Halsausschnitt).
Hier kann die Raute als Maß angenommen werden, diese wird insgesamt 4,5x in der Höhe gestrickt.

Saumbündchen
Zu einer Rundstricknadel 3,75 mm wechseln und 1 R im **Bundmuster** str:
Rdm, 1 M re, 1 M li im Wechsel, enden mit einer M re, Rdm.
In der Rückr die M str, wie sie erscheinen.

Gleichzeitig in dieser R 23x 2 M überzogen zusammenstr, dies kann am besten über den Zöpfen oder zum Ausgleich des Musters gegenüber dem Reismuster gearbeitet werden. Sollte die vorletzte M eine linke Masche sein, können hier zum Ausgleich 2 weitere M zusammengestrickt werden.

In der folgenden Farbfolge weiterstr:
2.+3. R: In Grau arb.
4.+5. R: In Weiß arb.
6.+7. R: In Grau arb.
8.–14. R: In Weiß arb.

Der Bund wird italienisch abgekettet, hierzu werden zwei Vorbereitungsreihen gestrickt:
1. R: Rdm, [1 M re, 1 M li abheben mit dem Faden vor der Arbeit] im Wechsel str, mit 1 M re enden, Rdm.
2. R: Rdm, [1 M li abheben mit dem Faden vor der Arbeit, 1 M re] im Wechsel str, enden mit 1 M li abheben mit dem Faden vor der Arbeit, Rdm.

Nun den Arbeitsfaden in der 3fachen Breite des Saumbündchens abschneiden und in folgenden Schritten den Saum abnähen:

Den Faden durch die Wollnadel ziehen.
Nun die Nadel von re nach li durch die Randmasche und die darauf folgende re M stechen, den Faden durchholen und fest anziehen. Beide M von der Nd gleiten lassen.
1. Es wird immer paarweise abgenommen. Den Faden nun von li nach re durch die nächste li M auf der li Nd führen und festziehen. Die M bleibt auf der Nd.
2. Nun von re nach li durch die vorhergehende re M – diese befindet sich nicht mehr auf der Nd – stechen, durch die nächste re M auf der li Nd stechen und den Faden wieder anziehen. Die M bleiben auf der Nd.
3. Jetzt von re nach li durch die erste li M auf der li Nd stechen und beide M von der Nd gleiten lassen.
Die Punkte 1 bis 3 so lange wdh, bis alle M abgekettet sind.

Alternativ kann der Saum auch normal abgekettet werden. Hierzu einfach nach den 14 R im Bundmuster alle M im Muster abk.

Rechter Ärmel:
Die Ärmel werden in Runden gestrickt.

Mit einer kurzen Rundstricknadel 4,5 mm direkt aus der Kante des Armloches 88 (94) 100 (106) 112 (118) M aufnehmen, beginnend und endend bei der Achselmitte.

In der folgenden Mascheneinteilung str:

1. Rd: 2 M re, 2 M li, 12 (15) 18 (21) 24 (27) M Reismuster, 2 M li, (2 M re), 2 M li, (6 M re), (die 1. R der Strickschrift Raute str), (6 M re), 2 M li, (2 M re), 2 M li, 12 (15) 18 (21) 24 (27) M Reismuster, 1 M li, MM zur Rundenbezeichnung setzen, die folgenden 3 M fließen in die 2. Rd mit ein.

2. Rd: 1 M li, 2 M re, die restlichen M werden in dieser sowie in **allen weiteren geraden Zwischenrunden** gestrickt, wie sie erscheinen.

3. Rd: 1 M li, (4 M re), 2 M li, 12 (15) 18 (21) 24 (27) M Reismuster, 2 M li, (Z1/1R), 2 M li, (6 M re), (die 3. R der Strickschrift Raute str), (6 M re), 2 M li, (Z1/1R), 2 M li, 12 (15) 18 (21) 24 (27) M Reismuster, 1 M li.

5. Rd: 1 M li, (Z2/2R), 2 M li, 12 (15) 18 (21) 24 (27) M Reismuster, 2 M li, (2 M re), 2 M li, (Z3/3R), (die 5. R der Strickschrift Raute str), (Z3/3R), 2 M li, (2 M re), 2 M li, 12 (15) 18 (21) 24 (27) M Reismuster, 1 M li.

Den Ärmel mustergemäß weiterstr und jeweils in der 25., 35., 45., 57., 65., 73., 79., 85., 91., 97., 103., 109. und 115. Rd Abnahmen für die seitliche Schrägung wie folgt arb:

Die ersten 5 M mustergemäß str. Die nächsten 2 M li überzogen zusammenstr, alle M der Rd bis zu den letzten 2 M vor dem MM gemäß Muster arb, 2 M li zusammenstr = 2 Abnahmen pro Rd = 62 (68) 74 (80) 86 (92) M.

Nach 118 Rd zur kurzen Nd oder einem Nadelspiel 3,75 mm wechseln und im **Bundmuster** weiterstr: 1 M li, 1 M re im Wechsel.
In dieser Runde 6x 2 M mustergemäß überzogen zusammenstr, dies kann am besten über den Zöpfen oder zum Ausgleich des Musters gegenüber dem Reismuster gearbeitet werden = 56 (62) 68 (74) 80 (86) M.

Nun in der folgenden Farbfolge weiterstr:
2.+3. Rd: In Grau arb.
4.+5. Rd: In Weiß arb.
6.+7. Rd: In Grau arb.
8.–13. Rd: In Weiß arb.

Der Bund wird italienisch abgekettet, auch hier sind zwei Vorbereitungsrunden notwendig:
1. Rd: 1 M li abheben mit dem Faden vor der Arbeit, 1 M re im Wechsel.
2. Rd: 1 M li, 1 M re abheben mit dem Faden hinter der Arbeit im Wechsel.

Im Anschluss, wie bei dem Körper beschrieben, alle M italienisch abk, hier jedoch direkt mit Punkt 1 beginnen und die letzte M mit der ersten verbinden.

Alternativ kann der Ärmel auch normal abgekettet werden. Hierzu einfach nach den 13 Runden im Bundmuster alle M im Muster abk.

Linker Ärmel:
Wie den rechten Ärmel str, die Zöpfe jedoch nach li verkreuzen.

Knopflochblende:
Aus der rechten Vorderteilkante, dem rückwärtigen Halsausschnitt und der linken Vorderteilkante mit langen Rundstricknadeln 3,75 mm 303 M in Weiß auffassen.

1. R = Rück-R: Rdm li, alle M li str, Rdm li.
2. R: Rdm re, alle M li str, Rdm re.
3. R = Rück-R: Rdm li, 1 M li, 1 M re im Wechsel, enden mit 1 M li, Rdm li.

Im Bundmuster nun in der folgenden Farbfolge weiterstr:
4.+5. R: In Weiß arb.
6.+7. R: In Grau arb.
8.–11. R: In Weiß arb.

Dabei in der 8. R 3 Knopflöcher einstr:
Knopfloch-R: Rdm, 6 M im Muster str. Ein Knopfloch ohne Faden arb: 2 M abheben, die 1. M über die 2. M ziehen, eine weitere M abheben und wieder die 1. über die 2. M ziehen, diese M zurück auf die li Nd legen und mit dem Schlingenanschlag direkt 2 neue M anschl, diese werden in der nächsten R wieder in das Muster integriert. Dann 2 weitere Knopflöcher im Abstand von 32 M einarb, die R mustergemäß beenden.

Nach der 11. R, wie bei dem Körper beschrieben, alle M italienisch abk.

Alternativ kann die Blende auch normal abgekettet werden. Hierzu einfach nach den 11 R im Bundmuster alle M im Muster abk.

Fertigstellen:
Alle Fäden sorgfältig vernähen. Den Cardigan evtl. gemäß den Herstellerangaben des Garns waschen und liegend trocknen lassen. Die Knöpfe annähen und jeweils 3 Sterne auf den Ärmeln applizieren.

STRICKSCHRIFTEN

Bei allen Strickschriften sind nur die Hinreihen dargestellt. In den Rückreihen die Maschen stricken, wie sie erscheinen. Die Strickschriften werden von unten nach oben und von rechts nach links gelesen.

RAUTE

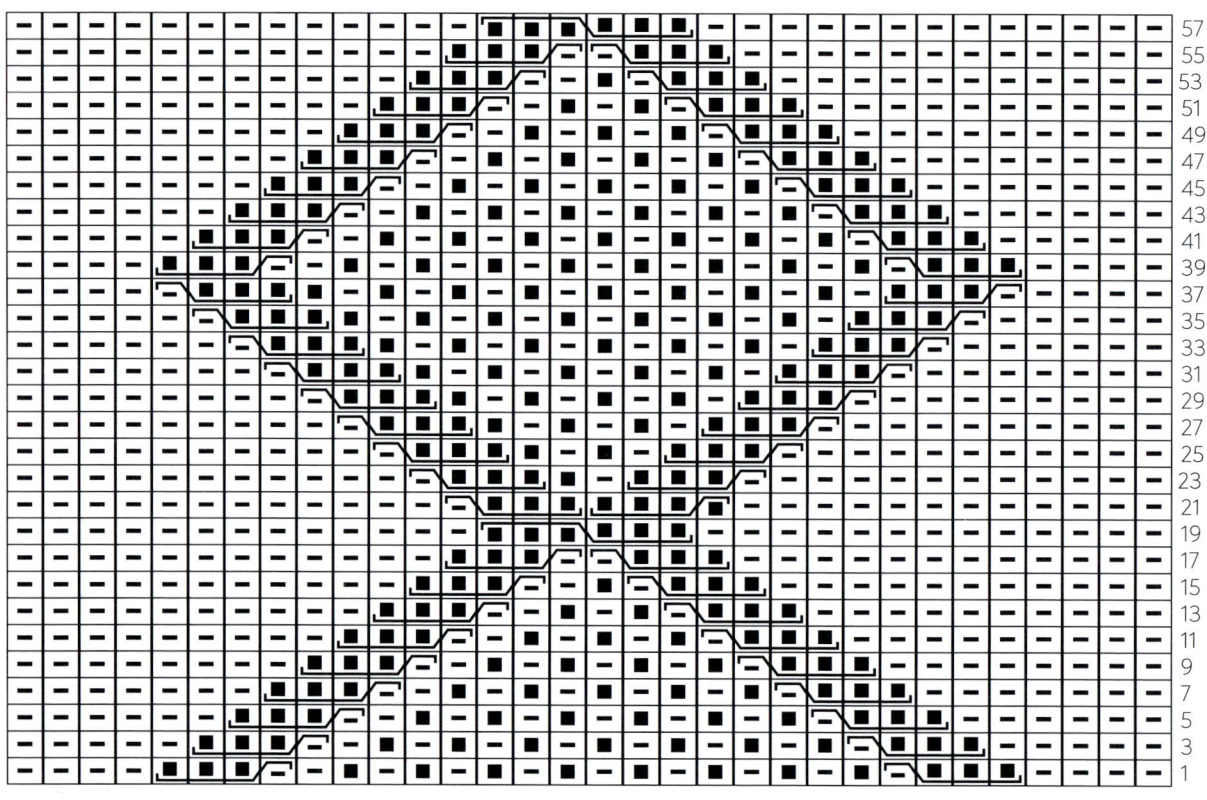

Rapport = 32 Maschen

Zeichenerklärung

■ = In Hinr 1 M re, in Rückr 1 M li str.

─ = In Hinr 1 M li, in Rückr 1 M re str.

= Z3/1L-li: 3 M auf eine Hilfsnd vor die Arbeit legen, 1 M li, die M der Hilfsnd re str.

= Z3/1R-li: 1 M auf eine Hilfsnd hinter die Arbeit legen, 3 M re, die M der Hilfsnd li str.

= Z3/3L: 3 M auf eine Hilfsnd vor die Arbeit legen, 3 M rechts, die M der Hilfsnd re str.

= Z3/1R: 1 M auf eine Hilfsnd hinter die Arbeit legen, 3 M rechts, die M der Hilfsnd rechts str.

ZOPFMUSTER

Zopfmuster 1
(Zopf rechts über 2 M über 4 R)

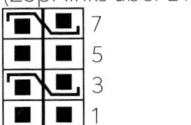

Rapport = 2 Maschen

Zopfmuster 2
(Zopf links über 2 M über 4 R)

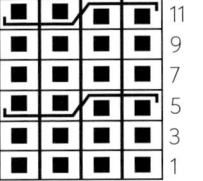

Rapport = 2 Maschen

Zopfmuster 3
(Zopf rechts über 4 M über 6 R)

Rapport = 4 Maschen

Zopfmuster 4
(Zopf links über 4 M über 6 R)

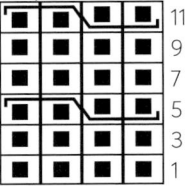

Rapport = 4 Maschen

Zopfmuster 5
(Zopf rechts über 6 M über 8 R)

Rapport = 6 Maschen

Zopfmuster6
(Zopf links über 6 M über 8 R)

Rapport = 6 Maschen

Zeichenerklärung

■ = In Hinr 1 M re, in Rückr 1 M li str.

= Z1/1R: 1 M auf eine Hilfsnd hinter die Arbeit legen, 1 M re, die M der Hilfsnd re str.

= Z1/1L: 1 M auf eine Hilfsnd vor die Arbeit legen, 1 M re str, die M der Hilfsnd re str.

= Z2/2R: 2 M auf eine Hilfsnd hinter die Arbeit legen, 2 M re str, die M der Hilfsnd re str.

= Z2/2L: 2 M auf eine Hilfsnd vor die Arbeit legen, 2 M re str, die M der Hilfsnd re str.

= Z3/3R 3 M auf eine Hilfsnd hinter die Arbeit legen, 3 M re str, die M der Hilfsnd re str

= Z3/3L: 3 M auf eine Hilfsnd vor die Arbeit legen, 3 M re str, die M der Hilfsnd re str.

Auflösung

ZUG UM ZUG

(TAYLOR'S VERSION) (SEITE 72-73)

Karma is the guy on the screen coming straight home to me

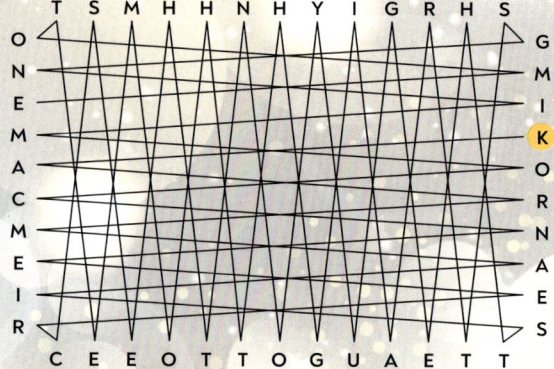

You play stupid games you win stupid prizes

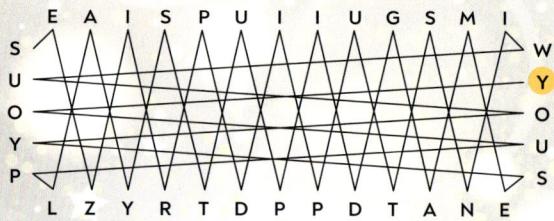

Devils roll the dice angels roll their eyes

I could build a castle out of all the bricks they threw at me

TESTE DEIN WISSEN!

(SEITE 66-67)

Kategorie 1: Welches Wort fehlt?
Lied 1: **Wind** | Lied 2: **Trouble**
Lied 3: **Town** | Lied 4: **Cardigan**
Lied 5: **Sunset** | Lied 6: **Sparkling**

Kategorie 2: Vervollständige die Lyrics
1. Don't blame me, love made me crazy
If it doesn't, you ain't doin' it right
2. He likes my american smile
Like a child when our eyes meet, darling, I fancy you
3. Sweet like honey, karma is a cat
Purring in my lap 'cause it loves me
4. Our song is the way you laugh
The first date, "Man, I didn't kiss her, and I should have"
5. We were both young when I first saw you
I close my eyes and the flashback starts
6. Tell them how the crowds went wild
Tell them how I hope they shine
7. And I screamed for whatever it's worth
"I love you," ain't that the worst thing you ever heard?
8. Your mom's ring in your pocket
My picture in your wallet
9. I have this dream you're doing cool shit
Having adventures on your own
10. And maybe we got lost in translation
Maybe I asked for too much

RÄTSELSPAß
(SEITE 40-41)

1. DEZEMBER, 2. SWIFTIE, 3. AUSTIN, 4. REPUTATION, 5. ALISON, 6. LUCKY YOU, 7. MARJORIE,
8. FOREVER AND ALWAYS, 9. BOMBALURINA, 10. BENJAMIN BUTTON, 11. VALENTINSTAG,
12. JAMES TAYLOR, 13. WEIHNACHTSBAEUME, 14. SPEAK NOW, 15. DREIZEHN

Lösungswort: NANNARIA SWIFTAE

WORTSUCHE

(TAYLOR'S VERSION) (SEITE 59)

A	D	I	M	M	D	D	E	L	R	S	T	E	S
S	Q	O	I	E	O	S	P	O	A	L	I	P	P
D	L	N	N	B	O	U	Y	V	I	R	D	A	A
N	D	L	V	T	L	B	I	G	Z	E	M	R	R
F	E	E	I	R	B	T	H	L	S	H	X	K	K
R	L	S	S	H	D	L	O	V	E	R	C	S	S
G	E	I	I	I	A	R	A	H	U	Q	L	F	F
H	W	V	B	T	B	Q	X	M	P	B	V	L	L
Y	E	L	L	A	P	W	I	S	E	T	R	Y	Y
X	J	Y	E	E	L	Y	T	R	H	M	P	G	G
L	E	K	T	V	U	R	M	U	F	R	E	R	R
Z	B	E	R	C	C	H	A	N	G	E	T	L	L
B	E	J	K	L	Y	W	I	E	B	Z	C	O	O

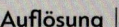

Buchempfehlungen für Dich

Noch mehr Kreativ-Bücher zum gleichen Thema gesucht?

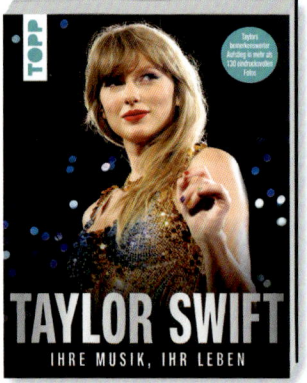

ISBN 978-3-7358-5233-5

ISBN 978-3-7358-8140-3

ISBN 978-3-7358-5227-4

GTIN 4007742184896

GTIN 4007742184360

GTIN 4007742185121

ISBN 978-3-7358-7098-8

ISBN 978-3-7358-8089-5

ISBN 978-3-7358-8111-3

Viele weitere Kreativ-Bücher findest du auf www.TOPP-kreativ.de

#TOPPPROJEKT

Die eigene Kreativität zeigen: TOPPprojekt mit anderen
Kreativen teilen und Teil der Gemeinschaft werden.

DIY-begeistert und auf Instagram?
Dann unbedingt mitmachen! Hier gibt's
Tipps und Feedback zu den eigenen
Projekten. Außerdem verlosen wir jeden
Monat ein Überraschungspaket. Um am
Gewinnspiel teilzunehmen, einfach ein Bild
vom Kreativ-Projekt aus unseren Büchern
mit #TOPPprojekt posten und unserem
Account @frechverlag folgen. Mehr Infos
auf TOPP-kreativ.de/TOPPprojekt

Mach mit beim
#TOPPPROJEKT
 #TOPPprojekt
@frechverlag

 ### Website
Auf TOPP-kreativ.de kannst du ein riesiges
Angebot von über 1.000 Kreativbüchern,
Sets & mehr entdecken.

 ### Newsletter
Gleich anmelden unter: TOPP-kreativ.de/
newsletter und immer als Erstes von unseren
Neuheiten und Sonderaktionen erfahren.

 ### Instagram
@frechverlag

 ### Pinterest
pinterest.com/frechverlag

 ### Facebook
facebook.com/frechverlag

 ### DigiBib
Hier findest du zusätzlich zu vielen unserer
Bücher digitale Extras, wie Video-Tutorials,
Plotter-Dateien, Vorlagen, Übungsblätter
& vieles mehr. Einfach im Impressum deines
TOPP-Buchs den Freischalte-Code nach-
schlagen und exklusive Inhalte freischalten.
TOPP-kreativ.de/digibib

Youtube
youtube.com/frechverlag

DER CODE ZUM FREISCHALTEN DER VORLAGEN UND STRICKSCHRIFTEN LAUTET: 55462

VIELEN DANK

an LangYarns und Jim Knopf für die freundliche Bereitstellung der Materialien.

IMPRESSUM

Texte und Modelle: Gesine Harth (Seite 28/29, 34/35, 40/41, 46–49, 70/71), Andrea Brauneis (Seite 78-91), alle übrigen frechverlag GmbH
Fotos: lichtpunkt, Michael Ruder, Stuttgart, Buda Mendes/TAS via Getty Images (Seite 4, 58)
Illustrationen: Gerhard Wörner
(Cover, Seite 7, 11 Impressum, Mila Dierksen (alle übrigen)
Rätsel: red.sign, Stuttgart (Seite 8–11, 50/51), alle übrigen frechverlag GmbH
Produktmanagement: Lisa Braunert
Lektorat: Lisa Spägele, Stephanie Ziegler (red.sign, Stuttgart)
Cover: Lena Sophie Schmitt
Layout: Carina Drost
Satz: Werbeagentur Rypka GmbH, www.rypka.at
Druck und Bindung: Neografia, Slowakei

1. Auflage 2024
© 2024 frechverlag GmbH, Dieselstr. 5, 70839 Gerlingen, einem Unternehmen der Penguin Random House Verlagsgruppe GmbH, München
ISBN: 978-3-7358-7114-5 Best.-Nr. 27114

FSC MIX
Papier | Fördert gute Waldnutzung
FSC® C020353

Penguin Random House Verlagsgruppe FSC® N001967